Marcel Proust, un hommage anglais

CK Scott-Moncrieff

Writat

Cette édition parue en 2024

ISBN : 9789359944807

Publié par
Writat
email : info@writat.com

Contenu

INTRODUCTION

–

La mort de Marcel Proust à Paris le 18 novembre 1922, et la manière dont la nouvelle de sa mort fut, loin d'être répandue à Londres, remettaient en question l'étendue de son influence, supposée plutôt que définie, sur les lecteurs de l'époque. ce pays. Il était naturel que je me pose cette question, car j'avais récemment publié une version anglaise de la première partie de son grand roman, *Du Côté de chez Swann* , et j'étais alors à mi-chemin de la traduction de sa suite, *A l' Ombre des Jeunes Filles en Fleurs* . L'auteur d'une attaque sauvage, bien que manifestement sincère, contre Proust, publiée dans un journal londonien dans les quarante-huit heures suivant sa mort, semblait supposer qu'il avait déjà ici un public considérable (bien que malavisé), et il m'est venu à l'esprit que je pourrais obtenir , d'écrivains qui étaient mes amis et d'autres qui avaient exprimé leur admiration pour Proust dans des périodiques anglais, un ensemble d'opinions critiques semblables à celles qui, j'ai appris, étaient rassemblées à Paris par le rédacteur en chef de la *Nouvelle Revue Française* . Pour tester la valeur de mon idée, j'ai commencé par les seniors. M. Saintsbury, qui (à cet égard seulement) aurait pu servir de modèle au marquis de Norpois , dont la promptitude à répondre à une lettre « était si étonnante que chaque fois que mon père, juste après lui en avoir envoyé une, voyait son écriture sur un enveloppe, sa première pensée était toujours celle de l'agacement que leurs lettres devaient malheureusement se croiser à la poste ; ce qui, on était amené à le supposer, lui conférait le privilège spécial et luxueux de livraisons et d'enlèvements extraordinaires à toute heure du jour et de la nuit », répondit aussitôt, et M. Conrad le suivit bientôt, avec des lettres dont chaque correspondant m'autorisa pour en faire l'usage que je souhaite.

C'est ce que fit M. George Moore, je dois l'ajouter, mais dans une lettre exprimant uniquement sa propre incapacité à supporter Proust, dont l'inclusion ici, même si elle pouvait faire de ce volume un prix pour les collectionneurs d'éditions originales, obligerait le excision du mot « hommage » de la page de titre et de la couverture. M. Walkley, le doyen des Proustiens anglais comme il l'est des critiques dramatiques, et M. Middleton Murry m'ont donné la liberté d'utiliser les articles qu'ils publiaient dans *le Times* et son *supplément littéraire* ; M. Stephen Hudson, l'ami anglais le plus intime des dernières années de Proust, consentit à écrire une esquisse de son personnage ; et sur cette base mon cénotaphe fut bientôt érigé.

Qu'il ne soit pas plus élevé, c'est à moi qu'il faut imputer. Je me suis sans doute abstenu d'approcher de nombreux contributeurs volontaires, par réticence naturelle et, j'espère, non blâmable, à interrompre des personnes occupées que je ne connais pas. En même temps, j'ai constaté parmi ceux que j'ai approchés une modestie généralisée qui a empêché nombre d'entre eux d'apporter des opinions qui auraient été de la plus haute importance critique. « Nous ne connaissons pas suffisamment Proust, » fut la réponse générale, « pour nous aventurer à aborder un tel thème ». Ceci et la pression d'autres travaux ont fait taire, à mon grand regret, Mme Virginia Woolf, Mlle Rebecca West, M. JC Squire, M. Desmond MacCarthy , M. Lascelles Abercrombie, M. Aldous Huxley et cet écrivain le plus réticent. MEM Forster.

Leur réticence devrait être mon modèle. Bien que je ne puisse pas prétendre ne pas avoir fait une certaine étude du texte de Proust (probablement le texte le plus corrompu de tous les auteurs modernes que l'on puisse trouver), l'examen minutieux exigé d'un traducteur a inévitablement obstrué ma vision de l'œuvre comme d'un entier. Le lecteur des pages suivantes peut cependant être assuré qu'il s'agit de ma perte privée et qu'elle ne deviendra en aucun cas la sienne.

Je dois remercier tous les contributeurs pour la générosité spontanée avec laquelle ils ont collaboré et ont mis leur travail à ma disposition. Je dois également remercier les propriétaires et rédacteurs des journaux et revues suivants pour l'autorisation de réimprimer les articles parus dans leurs pages : *The Times* pour Mr. Walkley's ; *Le supplément littéraire du Times* pour celui de M. Middleton Murry ; *La revue du samedi* pour M. Hussey's ; *Le nouvel homme d'État* pour M. Pearsall Smith ; *La Saturday Westminster Gazette* pour celle de M. Arthur Symons ; et *Le dix-neuvième siècle et après* pour M. Ralph Wright.

CKSM

II

UN PORTRAIT

En essayant de représenter la personnalité d'un ami à ceux qui ne le connaissent pas, on a à l'esprit, même si on ne peut pas l'utiliser délibérément, un standard de référence avec lequel on peut le comparer ou l'opposer.

Dans le cas de Proust, une telle norme n'existe pas, et je me retrouve ramené au mot unique, fréquemment utilisé mais peu éclairant, faute d'une meilleure expression. Cette singularité résidait moins, je pense, dans la possession évidente et à un degré exceptionnel de dons et de charmes que dans l'usage qu'il en faisait. D'autres ont probablement été et sont tout aussi sages, spirituels, cultivés, sympathiques, ont possédé ou possèdent ses talents de conversation, son charme de manières, sa gentillesse. Mais personne que j'ai jamais connu ne réunissait en sa personne autant de qualités attrayantes et ne pouvait les mettre en jeu avec autant de spontanéité. Pourtant, même si l'utilisation de ces pouvoirs lui permettait de tirer le maximum de fécondité de ses relations sociales, il y avait en lui une objectivité impalpable, une distance ressentie plutôt qu'observée. C'était comme si la personnalité révélée à ce moment précis n'était qu'une parmi tant d'autres, tandis que la conscience dominante se trouvait derrière elle, préservant sa totale inviolabilité. C'est, je crois, dans la profondeur et la capacité de cette conscience ultime que réside son caractère unique, car c'est là que se trouve la source de sa puissance créatrice et de sa sensibilité.

Il me semble que l'élément essentiel de ce moi ultime chez Proust était la bonté. Cette bonté n'avait rien d'éthique, il ne faut pas la confondre avec la justice ; et pourtant, cherchant un autre mot pour définir sa nature, pureté est le seul qui me vient à l'esprit. Il y avait en lui la simplicité fondamentale qui était caractérisée par Dostoïevski dans Mychkine , et c'est de là qu'est née l'intégrité intellectuelle qui a gouverné et informé sa philosophie.

Il possédait ce don le plus rare de toucher les gens, les choses et les préoccupations ordinaires avec de l'or, leur conférant un intérêt vital et constant. Tout et n'importe quoi servait de point de départ, rien n'était trop infime pour susciter une idée et provoquer un énoncé suggestif. Il pouvait le faire parce qu'il était lui-même l'homme le plus intéressant et parce que la vie était pour lui une longue aventure passionnante dans laquelle rien n'était trivial ou négligeable. Ce n'était pas qu'il ne désirait rien d'autre et cherchait un déguisement esthétique pour le laid, le sordide ou le vil. Au contraire, il a reconnu que celles-ci sont également de l'étoffe dont l'humanité est faite, et que la vérité et la beauté sont le plus souvent masquées par leurs opposés. Chez lui, les extrêmes étaient non seulement réconciliés mais unis.

Suprêmement conscient et totalement non égoïste , on peut chercher en vain dans son œuvre une trace de vanité, d'autoglorification, voire d'autojustification. Il se préoccupe intensément de sa propre conscience, il ne se préoccupe jamais de lui-même. Je ne connais aucune conversation dans aucun de ses livres à laquelle il prenne une part autre qu'une partie mineure, et très peu de conversations auxquelles il prenne une quelconque part. Il est tout entier occupé de la chose en elle-même, quelle qu'elle soit, considérant sa conscience comme un instrument de révélation indépendant de lui-même. Et comme il le montre dans ses livres, il en était ainsi dans la vie.

En réponse à une lettre dans laquelle, exprimant ma déception de ne pas le voir à une certaine occasion, je disais que, même si j'aimais ses livres, je préférerais le voir et l'entendre parler plutôt que de les lire, il m'a écrit :

Entre ce qu'une personne dit et ce qu'elle extrait par la méditation des profondeurs où l'esprit nu gît, couvert de voiles, il ya un monde. Il est vrai qu'il ya des gens supérieurs à leurs livres mais c'est que leurs livres ne sont pas des *Livres* . Il me semble que Ruskin, qui disait de temps en temps des choses sensées, a assez bien exprimé une partie au moins de cela.... Si vous ne lisez pas mon livre ce n'est pas ma faute; c'est la faute de mon livre, car s'il était vraiment un beau livre il ferait aussitôt l'unité dans les esprits épars et rendrait le calme aux cœurs troubles.

Son immersion dans le sujet de la conversation ou de l'enquête était complète ; rien d'autre n'existait jusqu'à ce qu'il aille au fond des choses. Mais son monde était sans écho ; la voix ne se répétait jamais, et la banalité ne pouvait pas entrer, car ni formule ni classification n'existaient pour lui. Tout comme à ses yeux un nénuphar particulier dans la Vivonne était différent de tout autre nénuphar, de même chaque nouvelle expérience était une unité isolée, complète en elle-même et différente de toutes les autres unités du monde de sa conscience. Son esprit, loin d'être recouvert de couches d'expériences oblitérantes, était comme un sol vierge qui, par magie, se renouvelle après la récolte de chaque nouvelle récolte. Ce pouvoir de renouveau mental imprègne et donne une fraîcheur particulière à tout ce qu'il a écrit. Il s'agit par essence d'une qualité juvénile qui était très marquée dans sa personnalité. Il était pénétré d'une avidité et d'une curiosité enfantines, posait des questions sans fin, voulait toujours en savoir plus. Qu'avez-vous entendu, qu'avez-vous pensé, qu'ont-ils dit ou fait, quoi que *ce* soit et qui *qu'ils* soient. Et il n'y avait aucun moyen de lui refuser ceci ou tout ce qu'il voulait ; il devait toujours faire ce qu'il voulait, il l'a toujours fait jusqu'à la fin de sa vie. Et le grand réconfort pour ceux qui l'aimaient, c'est que jusqu'à la fin, il fut un glorieux enfant gâté. Comme le dit Céleste dans *Sodome* :

On devrait bien tirer son portrait en ce moment. Il a tout des enfants. Vous ne vieillirez jamais. Vous avez de la chance, vous n'aurez jamais à lever la main sur personne, car vous avez des yeux qui savent imposer leur volonté....

C'est cette même Céleste qui a consacré sa vie à son service pendant de nombreuses années et qui l'a accompagné jusqu'à la fin. Après sa mort, elle écrit de lui : « Monsieur ne répond à personne. C'était un être incomparable — composé de deux choses, intelligence et cœur — et quel cœur ! »

Connaissant l'intensité de son intérêt et de sa sympathie pour les vies humbles, la suggestion de snobisme à l'égard d'un tel homme est ridicule. Proust, comme tous les grands artistes, avait besoin d'accéder à tous les types humains. C'est l'un des inconvénients de notre civilisation moderne que les possibilités de relations sociales variées soient limitées et en proie à des préjugés conventionnels. Aucun homme n'est allé plus loin que lui pour les surmonter. Il connaissait les gens du « monde » comme il connaissait les autres. Comme il l'écrit dans *Sodome* :

Je n'avais jamais fait de différence entre les ouvriers, les bourgeois et les grands seigneurs, et j'aurais pris indifféremment les uns et les autres pour amis avec une certaine préférence pour les ouvriers, et après cela pour les grands seigneurs, non par goût, mais sachant qu'on peut exiger d'eux plus de politesse envers les ouvriers qu'on ne l'obtient de la part des bourgeois, soit que les grands seigneurs ne dédaignent pas les ouvriers comme font les bourgeois, ou bien parce qu' 'ils sont volontiers polis envers n'importe qui, comme les jolies femmes heureuses de donner un sourire qu'elles savent accueillies avec tant de joie.

Ses amis étaient en fait de toutes les classes sociales, mais son amitié ne lui était accordée qu'à ses propres conditions, et une condition de celle-ci était la capacité de supporter d'entendre la vérité. Ses amis se connaissaient d'autant mieux qu'ils le connaissaient, car il était impatient de la moindre hypocrisie ou malhonnêteté et ne pouvait tolérer la prétention . Les mensonges le fatiguaient. Dans une lettre, il faisait ainsi allusion à quelqu'un que nous connaissions tous deux bien :

Ce que je lui reproche, c'est d'être un mentor. Il a fait ma connaissance à la faveur d'un mensonge et depuis n'a pratiquement cessé. Il trouve toujours le moyen de gâter ses qualités par ces petits mensonges qu'il croit l'avantager— tout petits et quelquefois énormes.

L'insistance de Proust sur la véracité et la sincérité l'a amené à plusieurs reprises à renoncer aux associations de toute une vie. Sa sensibilité était si délicate qu'un geste ou une note dans la voix lui révélait un motif, peut-être léger et passager, d'évasion ou de feinte . Il n'exigeait que de la sincérité. À d’autres égards, sa tolérance était si grande qu’une dure vérité sortant de ses lèvres, loin d’être blessante, la stimulait. Pour ses amis, il était la franchise même et disait ce qu'il pensait sans réserve. Je lui ai demandé une fois de me dire s'il n'y avait pas quelqu'un , un de ses amis, à qui je pourrais parler de lui. Il y avait tellement de choses que je voulais savoir, et dans les trop rares occasions où il allait assez bien pour me voir, il n'en avait jamais le temps. En réponse à cela, il m'a écrit :

Si vous désirez poser quelque interrogation à une personne qui me comprend, c'est bien simple, adressez-vous à moi. D'ami qui me connaisse entièrement je n'en ai pas... Je sais tout sur moi et vous dirai volontiers tout; il est donc inutile de vous désigner quelque ami mal informé et qui dans la faible mesure de sa compétence cesserait de mériter le nom d'ami s'il vous répondait.

Ainsi, dans ses paroles, nous arrivons à la conclusion finale que, même si les amis de Proust avaient le pouvoir d'exprimer tout ce qu'ils ressentent à son sujet, ils seraient toujours des « mal informés » et devraient lui revenir pour obtenir cette connaissance plus profonde que lui seul pourrait transmettre. À cela s’ajoute l’assurance que son travail est la meilleure partie de lui-même. Providentiellement, il fut épargné jusqu'à ce que ce travail soit terminé et que « Fin » sur la dernière page soit écrit de sa propre main.

STEPHEN HUDSON.

III

LE PROPHÈTE DU DÉSespoir

C'est le privilège de ceux qui sont connus comme les plus grands artistes du monde de créer l'illusion d'entraîner le lecteur à travers tout le mécanisme de la vie. Tel fut par excellence le don de Shakespeare, dont les tragédies apparaissent comme des microcosmes de l'univers. Un tel don était celui de Balzac, malgré toutes ses vulgarités et ses absurdités, si l'on peut traiter toute la *Comédie Humaine* comme un seul roman. Telle était, dans ses rares moments de création prodigue, la puissance de Tolstoï, à qui Proust ressemble tant par certains côtés. Tel est le don de Proust dans son étonnante pseudo-autobiographie, *A la Recherche du Temps Perdu* . Car c'est le sens de la richesse imaginative et de la facilité créatrice qui caractérise le génie de premier ordre, qui ne doit jamais paraître à bout de souffle, mais doit toujours, au contraire, laisser l'impression qu'il existe du meilleur. pêcher dans sa mer que n'en sont jamais sortis.

L'effusion de l'école romantique des auteurs, leur négligence de la forme, leur absence de sens critique, leur facilité dévastatrice, ont rendu cette vérité désagréable et même douteuse à beaucoup d'esprits, qui se sentent plus en sympathie avec l'auteur costif d' Adolphe qu'avec l' auteur d' *Adolphe* . flux continu de Victor Hugo. Pourtant, si Victor Hugo est un grand auteur, comme il l'est évidemment, c'est à cause de cette fécondité même que nous détestons tant ; et si Benjamin Constant n'est pas un grand artiste, comme il ne l'est évidemment pas, il faut en chercher la raison dans l'absence de fécondité, même si son absence peut nous paraître sympathique ; tandis que cette même fécondité, qui est toute l'essence de Balzac, le rend redoutable et peu attrayant pour une génération de lecteurs. Or, Proust était éminemment fertile et, dans les limites imposées par sa santé délicate, il pouvait continuer indéfiniment, tant son intérêt pour les êtres humains et les émotions humaines était profond et global. Mais il était fertile d'une manière nouvelle. Ce n'était pas pour lui la vague non critique de verbiage du XIXe siècle. Son intégrité intellectuelle, dont MC Dubos a si bien parlé dans ses *Approximations* , l'a toujours obligé à vérifier et à méditer chaque mouvement sur l'échiquier de la vie, chaque commentaire sur les sentiments humains. Car Proust est le dernier grand prophète de la sensibilité, et c'est en gardant cela à l'esprit que l'on peut retracer la souche intellectuelle dont il est issu.

L'un des grands jalons de la littérature française nous est marqué par la traduction de *Clarissa Harlowe* par l'abbé Prévost , qui a fait irruption sur la nouvelle génération sentimentale, affamée de l'éclat superficiel des Regnard et de leurs successeurs, avec toute l'énergie d'un évangile. L'adoration avec laquelle ce grand roman fut accueilli par les esprits les plus brillants de la France du XVIIIe siècle semble aujourd'hui quelque peu excessive, si profonde que soit notre sympathie pour l'esprit et l'art de Richardson. Rappelez-vous comment Diderot parle de lui : Diderot, l'incarnation la plus complète du XVIIIe siècle avec son idéalisme sentimental et son bon sens fougueux, l'homme chez qui la raison et l'esprit se confondaient parfaitement, le prédicateur enthousiaste de l'athéisme et de l'humanité :

Ô Richardson, Richardson ! homme unique à mes yeux. Tu seras ma lecture dans tous les temps. Forcé par les besoins pressants si mon ami tombe dans l'indigence, si la médiocrité de ma fortune ne suffit pas pour donner à mes enfants les soins nécessaires à leur éducation je vendrai mes livres, mais tu me restes; tu me resteras sur le même rayon avec Virgile, Homère, Euripide et Sophocle. Je vous lirai tour à tour. Plus sur l'âme belle, plus sur l'amour la vérité, plus sur le goût exquis et pur, plus sur connaît la nature, plus sur l'estime des ouvrages de Richardson.

Le nouveau mouvement sentimental, développé à un tel degré de perfection par l'auteur de *Clarissa Harlowe* , était d'une énorme valeur pour la vie et l'art. Mais forcément on a poussé trop loin, et les romans de l' *école larmoyante* sont désormais presque intolérables, même écrits par des hommes de génie comme Rousseau, dont les personnages semblent passer leur vie dans un jet continu de larmes dans un pays où les vannes des émotions mal contrôlées ne sont jamais fermées un instant.

Rousseau a eu un grand élève, un grand nom de l'histoire du roman français, Stendhal. Mais il portait son Rousseau avec une différence. Car Rousseau ne représente, dans ses romans, qu'une face du XVIIIe siècle, le sentimental ; mais il y en avait une autre, scientifique — et l'œuvre de toute une vie de Stendhal consista en un effort infatigable pour combiner les deux. Car quelle était l'ambition avouée du sentimental conscient qu'était Stendhal ? Imprégné des écrits de Lavater , de Tracy et des métaphysiciens écossais, mêlé d'une passion romantique pour Rousseau et le drame élisabéthain, il voulait être le plus *sec possible et se vantait de lire* chaque jour une partie du *Code civil.* un document que Rémy de Gourmont a peut-être raison de qualifier de diffus, mais qui n'est certainement pas romantique. Nourri de Shakespeare, de Rousseau et de Tracy, Stendhal est devenu l'un des premiers hommes complètement modernes, qui étudient le fonctionnement de leur esprit avec l'enthousiasme imaginatif, mais aussi avec la froide objectivité d'un savant disséquant un têtard. Comme le jeune scientifique d'Hans Andersen, son premier réflexe fut d'attraper le crapaud et de le mettre dans l'esprit ; mais dans ce cas, le crapaud était sa propre âme. Stendhal était trop révolutionnaire dans l'écriture pour avoir jamais réussi complètement ; mais l'immensité de son œuvre peut être jugée par le fait que des parties de *L'Amour* , et plus encore *du Rouge et le Noir* , ont réellement une valeur pratique pour les amoureux, qui pourraient tirer un profit considérable dans la conduite de leurs affaires d'une attention particulière. l'étude des conseils de Stendhal, si seulement ils étaient en mesure d'entendre raison. Or, c'est quelque chose d'assez nouveau dans la fiction, et cela aurait étonné son grand-père Richardson. Proust est à son tour l'enfant intellectuel de Stendhal, et a éclaboussé *A la Recherche du Temps Perdu* d'expressions d'admiration pour son maître. En vérité, il a repris non seulement les méthodes mais aussi la philosophie de son professeur. On se souvient que Stendhal insiste dans son analyse de *L'Amour-Passion* sur le fait que la cristallisation ne peut s'opérer qu'après l'expérience du doute. Ainsi, pour Proust, l'amour, le *mal sacré* comme il l'appelle, ne peut être suscité que par la jalousie, *le plus affreux des supplices* . Nous ne pouvons vouloir rien tant que nous n'avons pas été trompés pour l'obtenir ; d'où il s'ensuit que nous ne pouvons rien obtenir tant que nous n'avons pas cessé de le vouloir, et de toute façon, une fois obtenu, cela cesserait *ipso facto* d'être désirable. C'est pourquoi l'homme, « combien noble en raison, combien infini en facultés, combien expressif et admirable en forme et en mouvement, combien semblable à un ange en action, combien semblable à un dieu dans sa perception », est voué par la nature de son être à un désir insatisfait et à un désir insatisfait. misère inquiète, jusqu'à ce que Proust devienne, comme je l'ai appelé plus haut, le prophète du désespoir. Il est maître des moments angoissants passés à traîner en vain autour du téléphone, des semaines passées à attendre des lettres qui n'arrivent jamais, et des terribles réactions après que sa propre lettre fatale a été irrévocablement postée et que tous les joyaux de Golconde ne peuvent pas l'extraire. le pilier-box. Car comment le héros de ses romans passe-t-il enfin sous l'emprise d'Albertine ? Par l'agonie provoquée par la coupure d'un rendez-vous.

Comme chaque fois que la porte cochère s'ouvrait, la concierge appuyait sur un bouton électrique qui éclairait l'escalier, et comme il n'y avait pas de locataires qui ne fussent rentrés, je quittai immédiatement la cuisine et revins m'asseoir dans l'antichambre, épiant, là où la tenture un peu trop étroite qui ne couvrait pas complètement la porte vitrée de notre appartement, laissait passer la sombre raie verticale faite par la demi-obscurité de l'escalier. Si tout d'un coup, cette raie devait d'un blond doré, c'est qu'Albertine viendrait d'entrer en bas et serait dans deux minutes près de moi ; personne d'autre ne pouvait plus venir à cette heure-là. Et je reste, ne pouvant détacher mes yeux de la raie qui s'obstinait à demeurer sombre; je me penchais tout entier pour être sûr de bien voir; mais j'avais beau regarder, le noir trait vertical, malgré mon désir passionné, ne me donnait pas l'enivrante allégresse que j'aurais eue, si je l'avais vu, changé par un enchantement soudain et significatif, en un barreau lumineux d'or. *C'était bien de l'inquiétude, pour cette Albertine à laquelle je n'avais pensé trois minutes pendant la soirée Guermantes !* Mais, réveillant les sentiments d'attente jadis éprouvés à propos d'autres jeunes filles, surtout de Gilberte, quand elle tardait à venir, *la privation possible d'un simple plaisir physique me causait une cruelle souffrance morale* .

En effet, le bonheur amoureux est par nature impossible, car il exige une relation spirituelle impossible.

Si nous pensions que les yeux d'une fille comme celle-là n'étaient que deux paillettes scintillantes de mica, nous n'aurions pas soif de la connaître et d'unir sa vie à la nôtre. Mais nous pensons que ce qui brille dans ces disques réfléchissants n'est pas uniquement dû à leur composition matérielle ; que ce sont, à notre insu, les ombres sombres des idées que la créature conçoit, relatives aux gens et aux lieux qu'elle connaît - le gazon des hippodromes, le sable des pistes cyclables sur lesquelles, pédalant au fil des champs et des bois, elle m'aurait entraîné après elle, cette petite péri, plus séduisante pour moi qu'elle du paradis persan - les ombres aussi de la maison où elle va rentrer tout à l'heure, des projets qu'elle forme ou que d'autres ont formés. pour elle; et surtout que c'est elle, avec ses désirs, ses sympathies, ses répulsions, sa volonté obscure et incessante. Je savais que je ne posséderais jamais cette jeune cycliste si je ne possédais pas aussi ce qu'il y avait dans ses yeux. Et c'est donc toute sa vie qui m'a rempli de désir ; désir douloureux *parce que je sentais qu'il n'était pas réalisable* , mais exaltant, parce que ce qui avait été jusqu'alors ma vie, ayant cessé tout à coup d'être ma vie entière, n'étant plus qu'une petite partie de l'espace qui s'étendait devant moi, que je brûlais de couvrir et qui était composé de la vie de ces filles, m'offrait cette prolongation, cette multiplication possible de soi-même, qu'est le bonheur. Et sans doute que le fait que nous n'avions, ces filles et moi, aucune habitude, comme nous n'avions pas une idée, en commun, était de me rendre plus difficile de me lier d'amitié avec elles et de leur plaire. Mais peut-être aussi est-ce grâce à ces différences, à ma conscience qu'il n'entrait pas dans la composition de la nature et des actions de ces jeunes filles un seul élément que je connaissais ou possédais, qu'à la place de ma satiété est venue une soif. — comme celle dont brûle une terre aride — pour une vie que mon âme, n'en ayant jamais reçu jusqu'ici une goutte, absorberait d'autant plus avidement à longues gorgées, avec une imbibition plus parfaite. [1]

Proust, ayant ainsi réduit à la misère toute la société humaine, bâtit sur les ruines sa philosophie du salut : Ce n'est qu'en souffrant beaucoup que nous entrerons dans le Royaume des Cieux, c'est-à-dire que nous pourrons nous considérer uniquement et simplement comme des membres. de la race humaine, à percevoir ce qu'il y a d'essentiel et de fondamental chez chacun sous les atours des manières, de la naissance ou de la fortune, apprenez à être vraiment intelligents. L'amour et la jalousie seuls peuvent nous ouvrir les portes de l'intelligence. Ainsi, dès les premières pages de *Du Côté de chez Swann* , le pauvre petit garçon qui, parce que M. Swann dîne chez ses parents, ne peut recevoir au lit le baiser de sa mère, s'engage dans le long voyage spirituel qui doit se dérouler parallèlement à celui du brillant et malheureux hôte *mondain* . Misérable d'être laissé seul, il fait descendre désespérément à sa mère un mot angoissé de sa nourrice, et dans son agitation il déteste Swann, qu'il considère comme la cause de son malheur, et continue de réfléchir :

Quant à l'agonie que je venais de traverser, j'imaginais que Swann en aurait ri de bon cœur s'il avait lu ma lettre et en avait deviné le but ; qu'au contraire, comme je devais l'apprendre plus tard, une angoisse semblable était le fléau de sa vie depuis de nombreuses années, et personne peut-être n'aurait pu comprendre mes sentiments à ce moment-là aussi bien que lui ; pour lui, cette angoisse qui consiste à savoir que la créature qu'on adore est dans un lieu de jouissance où soi-même n'est pas et ne peut pas suivre - pour lui cette angoisse est venue par l'Amour, auquel elle est en un sens prédestinée, par laquelle elle doit être équipé et adapté; mais quand, comme cela m'était arrivé, une telle angoisse s'empare de l'âme avant que l'Amour soit encore entré dans la vie, alors elle doit dériver, en attendant la venue de l'Amour, vague et libre, sans attachement précis, à la disposition d'un sentiment aujourd'hui, de un autre demain, de piété filiale ou d'affection pour un camarade. Et la joie avec laquelle je m'engageai d'abord comme apprenti, quand Françoise revint m'annoncer que ma lettre serait remise, Swann aussi avait bien connu cette fausse joie que peut nous donner un ami, ou quelque parent de la femme qu'on aime, lorsqu'à son arrivée à la maison ou au théâtre où elle se trouve, pour quelque bal, fête ou première soirée où il doit la rencontrer, il nous voit errer dehors, attendant désespérément une occasion de communiquer avec elle.

« Nous n'avons rien apporté au monde, disait le premier stoïcien chrétien, et il est certain que nous n'en retirerons rien. » Il aurait pu faire une exception pour notre personnalité, cet énorme anonymat, inmalléable comme le granit et immuable comme l'océan, que nous avons apporté avec nous de mille ancêtres et que nous emporterons inchangé jusqu'à la tombe. Swann et le petit Proust, tous deux doués de sensibilité, pouvaient se serrer la main à travers les générations : toutes les expériences de l'un, toute l'innocence de l'autre n'étaient que rien auprès de cette similitude de tempérament qui nous appelle irrévocablement, comme le Christ appelait à Matthieu à la réception de la douane, et nous invite à partager avec notre ami les misères du passé et les terreurs de l'avenir.

La jeunesse de Proust s'est passée à Paris pendant cette période où la France était spirituellement et politiquement divisée par l' *Affaire Dreyfus* , et pour lui l' *Affaire* devient la pierre de touche de la sensibilité et de l'intelligence. Être dreyfusard signifie dépasser le port abrité de sa propre clique et de ses intérêts pour entrer dans la mer inexplorée de la solidarité humaine. Difficile en effet est le chemin de l'homme riche, de l'aristocrate, du snob ou du gentleman, qui souhaite trouver le salut pendant l' *Affaire* . Il doit laisser derrière lui le goût, la beauté, le confort et l'éducation, fréquenter, au moins en esprit, des juifs intolérables, des politiciens de cinquième ordre et des *arrivistes insupportables* , avant d'assumer dignement le fardeau de la misère humaine et de mettre en déroute les forces de la superstition et de la haine. stupidité. Et il n'y a qu'une école pour cette leçon, celle de l'amour romantique, c'est-à-dire de la jalousie insupportable, dans les affres de laquelle tous les hommes sont égaux. Le petit Proust lui-même, son audacieux et bel ami le marquis de Saint-Loup, l'excentrique et arrogant M. de Charlus , même le stupide et noble prince de Guermantes , qui connaissent tous le sens de l'amour romantique, par opposition au plaisir facile. de maîtresses successives, finiront par, ne serait-ce que pour un court instant, résister triomphalement à l'épreuve. Mais la sainte mère de Saint-Loup, Mme. de Marsantes , le libertin duc de Guermantes et sa femme brillante, charmante mais limitée, ne prendront jamais la mer sur le navire de la misère, à destination des rivages toujours reculés de l'amour romantique et de la compréhension universelle. Ils ne risqueront jamais leur vie pour un grand moment, pour la satisfaction d'une passion sans limites. Swann torturé et fasciné par sa *cocotte clinquante* , le petit Proust lacéré par les infidélités présumées de la nièce d'un fonctionnaire, Saint-Loup dans les griffes d'une actrice obscure et mal conditionnée au génie naissant, M. de Charlus brisé par le simple brutalité de son jeune musicien : tels sont les gens qui ont leur âme et telles sont les écoles douloureuses dans lesquelles s'apprend le Salut – le Salut qui vient de l'oubli des préjugés sociaux et du fait de ne pas confondre « le plumage avec l'oiseau mourant », de juger les gens. par leur mérite intrinsèque, de ne faire aucune distinction entre serviteurs et maîtres, entre prince et paysan. Car, comme l'auteur le souligne avec une itération presque exaspérante, bon cerveau et bonne éducation ne font jamais bon ménage : tout le talent et la perception ultimes appartiennent aux cads. Le prix à payer est lourd et incessant. Un peu de bonheur facile, un peu de guérison d'un amour désespéré, une indifférence passagère à l'égard d'une affection mal rémunérée, peuvent détruire tout le bien acquis par une misère sans fin au cours de longues années.

Telle est, à mon avis, la pensée fondamentale qui sous-tend *A la Recherche du Temps Perdu* dans son état inachevé actuel, même si nous ne pouvons pas dire quelles surprises les volumes suivants (heureusement achevés) peuvent nous réserver. J'ai insisté, peut-être trop longuement, sur le fond mental général de cette vaste épopée de la jalousie, car il n'est pas très facile à déterminer. L'énorme richesse des dons de l'auteur tend à enfouir l'édifice sous la superbe splendeur de l'ornement. Car Proust combine, à un degré jamais atteint auparavant en littérature, les qualités de l'esthète et du scientifique. C'est cette qualité qui frappe en premier le lecteur qui ne s'aperçoit pas, dans le ravissement esthétique que communique le style parfait, que tous les plaisirs sont faits de désillusions. La beauté humaine, la beauté des bâtiments, de la mer, du ciel, la beauté des qualités transmises dans les familles et dans les campagnes, la beauté de l'histoire, de la bonne éducation, de la confiance en soi, peu de gens ont ressenti ces choses. comme Proust. Pour lui, les doux noms de lieux de la France sont implicites avec des souvenirs trop profonds pour les larmes. Prenons un passage parmi tant d'autres où l'esthète Proust éprouve intensément mille vagues suggestions :

Quand je rentrai, le concierge de l'hôtel me remet une lettre de deuil où faisaient partie le marquis et la marquise de Gonneville, le vicomte et la vicomtesse d'Amfreville, le comte et la comtesse de Berneville, le marquis et la marquise de Graincourt , le comte d'Amenoncourt, la comtesse de Maineville , le comte et la comtesse de Franquetot , la comtesse de Chaverny née d'Aigleville, et de laquelle je comprends enfin pourquoi elle m'était envoyé quand je reconnus les noms de la marquise de Cambremer née du Mesnil la Guichard, du marquis et de la marquise de Cambremer, et que je vis que la morte, une cousine des Cambremer, s'appelait Éléonore-Euphrasie - Humbertine de Cambremer, comtesse de Criquetot . Dans toute l'étendue de cette famille provinciale dont le dénombrement remplissait des lignes fines et serrées, pas un bourgeois, et d'ailleurs pas un titre connu, mais tout le ban et l'arrière-ban des nobles de la région qui faisaient chanter leurs noms—ceux de tous les lieux intéressants du pays—aux joyeux finales en *ville* , en *court* , parfois plus sourdes (en *tot*). Habillés des tuiles de leur château ou du crépi de leur église, la tête branlante dépasse à peine la voûte ou le corps-de-logis et seulement pour se coiffer du lanternon normand ou des colombages du toit en poivrière, ils avaient l'air d 'avoir sonné le rassemblement de tous les jolis villages échelonnés ou dispersés à cinquante lieues à la ronde et de les avoir disposés en formation serrée, sans une lacune, sans un intrus, dans le damier compact et rectangulaire de l'aristocratique lettre bordée de noir .

Un tel passage contient en peu de mots toute l'histoire d'une nation reflétée dans le miroir magique de sa campagne nationale, également désirable pour sa suggestivité humaine et pour sa pure valeur esthétique.

Et ici nous pouvons nous arrêter un instant pour considérer l'un des aspects les plus importants de l'impulsion esthétique de Proust, qui s'exprime dans le titre *A la Recherche du Temps Perdu* , La Mémoire des choses passées. C'est plus que l'expression d'un désir d'écrire une autobiographie, de récapituler sa propre expérience en voie de disparition. Il s'agit d'une tentative de reconstitution de l'ensemble du passé, sur lequel le présent n'est qu'un commentaire sans grande valeur. Les royalties sont intéressantes parce qu'elles se sont retirées des affaires, les aristocrates parce qu'il ne leur reste plus que leurs manières ; la *bourgeoisie* porte encore avec elle les reliques de son ancienne servilité, le peuple n'a pas encore pris conscience de son pouvoir ; il en résulte un flux social dont l'étude ne peut jamais devenir ennuyeuse pour le spectateur tant que superficiellement l'ordre ancien perdure, bien qu'il ne représente rien d'autre qu'une émotion historique. Le héros qui parcourt le chemin de son expérience émotionnelle de l'enfance à l'adolescence est dépeint comme avide de toutes ces sensibilités historiques qui trouvent leur expression dans sa passion précoce pour le groupe Guermantes , le regroupement familial le plus aristocratique de France. Dès sa plus tendre enfance, il a rêvé d'eux, les représentant comme leurs ancêtres, qu'il a vu dans les vitraux de l'église de son village de Combray ; jusqu'à ce qu'il ait tissé autour d'eux tout le romantisme chaleureux du Moyen Âge, les splendeurs austères du *Grand Siècle* , la brillante décadence de la France du XVIIIe siècle. Mais quand il les rencontre, le courage a disparu, l'intelligence a disparu, et il ne reste que l'éducation. Ce fut la plus grande désillusion historique de la vie du garçon. Pourtant, le parfum d'un ordre social disparu flotte encore autour d'eux, et Proust exploite à merveille l'aventure spirituelle de son héros. Au fur et à mesure qu'il déambule dans les *salons* , dégénérant rapidement en salons, il devient le Saint-Simon de la *décadence* . Car Proust peut décrire, avec une maîtrise qui n'a rien à envier à celle de Saint-Simon lui-même, le sens de la vie sociale, la réaction d'un individu à l'égard de plusieurs personnes et l'interaction de plusieurs membres d'un même groupe les uns sur les autres. . Sa capacité à décrire les multiples plaisirs d'une fête aurait suscité l'envie du grand auteur de *Rome, Naples et Florence* . Beaucoup de gens ne voient que du snobisme dans cet effort héroïque de projeter le passé sur l'écran du présent. Pourtant l'auteur est trop intelligent et honnête pour ne pas finalement jeter ses spectacles romantiques. Le *Côté de Guermantes* ne peut pas être durablement satisfaisant. La philosophie de la désillusion éclate à nouveau . Lorsqu'il a obtenu au prix d'un immense travail la clé de la chambre interdite, il ne trouve à l'intérieur que des propriétés scéniques.

Mais ce poète des institutions politiques, économiques et sociales est aussi le pur poète de la Nature dans un autre esprit :

Là, où je n'avais vu avec ma grand'mère au mois d'août que les feuilles et comme l'emplacement des pommiers, à perte de vue ils étaient en pleine floraison, d'un luxe inouï, les pieds dans la boue et en toilette de bal, ne prenant pas de précautions pour ne pas gâter le plus merveilleux satin rose qu'on eût jamais vu, et que faisait briller le soleil : l'horizon lointain de la mer fournissait aux pommiers comme un arrière-plan d 'estampe japonaise; si je levais la tête pour regarder le ciel, entre les fleurs qui semblaient son bleu rasséréné, presque violentes, elles semblaient s'écarter pour montrer la profondeur de ce paradis. Sous cet azur, un brise léger, mais froide, faisait trembler légèrement les bouquets rougissants. Des mésanges bleues se poseraient périodiquement sur les branches et sautaient entre les fleurs indulgentes, comme si c'eût été un amateur d'exotisme et de couleurs, qui avait créé cette beauté artificielle vivante. Mais elle touchait jusqu'aux larmes, parce que, si loin qu'on allât dans ses effets d'art raffiné, on sentait qu'elle était naturelle, que ces pommiers étaient là en pleine campagne comme les paysans, sur une grande route de France. Puis aux rayons du soleil succédèrent subitement à ceux de la pluie ; ils zébrèrent tout l'horizon, enserrèrent la file des pommiers dans leur réseau gris. Mais ceux-ci continuaient à habiller leur beauté, fleurie et rose, dans le vent devenu glacial sous l'averse qui tombait : c'était une journée de printemps.

Mais ce poète lyrique si large d'esprit, qui sait parler avec la voix de Claudel et de Fustel de Coulanges , est peut-être aussi l'analyste le plus froid qui ait jamais consacré son attention à la fiction. Son couteau transperce l'âme même de ses patients, alors qu'il met en jeu toutes les ressources de son esprit, de ses animosités, de sa sympathie et de son intelligence. Il maîtrise toutes les petites nuances des relations sociales, toutes les émotions souterraines à demi chuchotées qui unissent la société alors que celle-ci rêve à peine de leur existence.

Remarquons aussi que Proust est le premier auteur à traiter l'inversion sexuelle comme un phénomène courant et ordinaire, qu'il décrit ni dans la veine du panégyrique fastidieux adopté par certains écrivains décadents, ni encore avec l'air d'un showman affichant à un public agité des abîmes touristiques d'une horreur insondable . Considérant ce phénomène social important comme ni plus ni moins important qu'il ne l'est, il en a tiré un nouveau matériau pour son étude des relations sociales et a considérablement enrichi et compliqué la texture de son intrigue. Son extrême honnêteté ne rencontre nulle part de récompenses plus triomphales. C'est grâce à l'utilisation splendide de tant de connaissances insolites que Proust remporte ses plus grandes victoires en tant que romancier pur. Royautés, actrices, bourgeois, domestiques, paysans, hommes, femmes et enfants, ils ont tous une véritable troisième dimension et semblent au lecteur plus réels que ses propres amis. On raconte l'histoire d'un officier de marine anglais qui aurait un jour renversé un Français pour avoir mis en doute la chasteté d'Ophélie. Il est à l'honneur du génie suprême de Shakespeare que nos sympathies vont à l'officier de marine, car les personnages de Shakespeare sont aussi réels pour nous que nos parents et nos amis et plus réels que nos parents et nos connaissances. Mais combien peu d'artistes peuvent faire cet éloge, si ce n'est à Shakespeare et à Tolstoï ! Pourtant, à Proust, elle peut être donnée dans sa pleine mesure. Lire *A la Recherche du Temps Perdu* , c'est vivre dans le monde, en tout cas dans le monde de Proust, un monde plus sensible, plus varié et plus intéressant que le nôtre.

Il est difficile d' analyser la qualité ultime du triomphe d'un artiste ; telle est pourtant la fonction de la critique, la seule justification de l'écriture de livres sur les livres. Proust, me semble-t-il, avait la faculté rarissime de voir ses personnages objectivement et subjectivement à la fois. Il peut se projeter si loin dans l'esprit des personnes qu'il décrit qu'il semble en savoir plus sur elles qu'elles ne pourront jamais en savoir elles-mêmes, et le lecteur a le sentiment, ce faisant, qu'il ne s'est jamais connu, même vaguement, auparavant. En même temps , il ne prend jamais parti. La chair chaude et palpitante qu'il crée est aussi et toujours une figure décorative sur le dessin immense de sa tapisserie, tout comme dans *Petroushka* les marionnettes sont des êtres humains et les êtres humains des marionnettes. Car Proust, bien que le plus objectif, soit aussi le plus personnel des écrivains. À mesure que nous nous habituons aux phrases longues et tortueuses, à l'énorme élaboration de métaphores consciencieuses, au raffinement continu de ce qui ne peut être raffiné davantage, nous devenons insensiblement les auditeurs d'une conversation longue et brillante de l'homme le plus sage et le plus spirituel. Car Proust, comme tout homme, a greffé la douceur mais aussi l'exacerbation de l'expérience sur la curiosité infatigable de la jeunesse. Dans une page de prophétie étonnante, écrite dès 1896, M. Anatole France résumait l'œuvre de Proust à un moment où l'œuvre de sa vie venait à peine de commencer :

Sans aucun doute, il est jeune. Il est jeune de la jeunesse de l'auteur. Mais il est vieux de la vieillesse du monde. C'est le printemps des feuilles sur les rameaux antiques, dans la forêt séculaire. On dirait que les pousses nouvelles sont attristés du passé profond des bois et présagent le deuil de tant de printemps morts....

Il ya en lui du Bernardin de Saint-Pierre dépravé et du Pétrone ingénu.

Ce n'est pas le moment de prétendre estimer impartialement sa place exacte et ses réalisations dans les lettres. Pour le moment, nous ne pouvons que ressentir sa mort, presque personnellement, tant il s'est tissé dans le cœur de ses lecteurs et lui a appliqué en toute sincérité les paroles que Diderot employait autrefois à propos de son prédécesseur :

Plus sur l'âme belle, plus sur le goût exquis et pur, plus sur connaît la nature, plus sur aime la vérité, plus sur l'estime des ouvrages de Proust.

FRANCIS BIRRELL.

IV

UN PETRONIUS SENSIBLE

M ARCEL PROUST est décédé à Paris le 18 novembre dernier. Pour de nombreux Anglais, son nom est encore inconnu ; pour d'autres, sa mort fut un choc si grand que c'était comme si l'une de leurs connaissances les plus intimes leur avait soudainement quitté ; et même parmi ceux qui ont lu ses œuvres, il existe, dans ce pays du moins, des désaccords assez marqués. D'un côté, nombreux sont ceux qui avoueront en privé, mais pas aussi volontiers en public, qu'ils n'ont jamais été capables de « mener à bien » sa grande œuvre ; que « cet homme est ennuyeux », qu'il est « indiscutable dans une société mixte », qu'il est « snob » et que, si vous leur demandez leur avis, « on fait trop de bruit à propos de cet homme ». De l'autre, des hommes qui ne vantent pas trop l'époque dans laquelle ils vivent, qui le comparent sans honte à Montaigne, Stendhal, Tolstoï et autres « maîtres du cœur humain » ; et pas seulement, mais discutera d'heure en heure ensemble Swann, la duchesse de Guermantes , Madame de Villeparisis , Bloch, M. de Charlus , Albertine, Gilberte, Odette, les impossibles et infatigables Verdurins , et une centaine de ses autres personnages, comme s'ils étaient des amis personnels, et comme s'il était vraiment important pour eux de découvrir quelles étaient exactement les motivations d'un tel à telle ou telle occasion, et comment un tel d'autre verrait ses actions si il savait.

La raison de ces désaccords n'est peut-être pas difficile à trouver. Proust, reconnaissons-le d'emblée, n'est pas le romancier de tout le monde. Il est difficile à lire dans le sens où il demande une attention complète et des efforts de mémoire considérables. Il a une vision de la vie qui ne manquera pas d'être antipathique pour bon nombre d'Anglais – et d'ailleurs pour bon nombre de Français. Il est très « long » ; et il faut avoir lu plus d'une fois *A la Recherche du Temps Perdu* pour pouvoir voir le plan général de la foule de personnages et de scènes qui, à mesure qu'on le lit livre par livre, tiennent si vivement la scène. Mais avant d'essayer de discuter du livre, il est important de voir ce que son auteur avait en tête lorsqu'il s'est assis pour la première fois, il y a de nombreuses années, pour commencer à l'écrire.

Quelqu'un a dit que la différence entre une pièce de théâtre et un roman est qu'en regardant une pièce de théâtre, vous avez les privilèges d'un ami le plus intime, mais en lisant un roman, vous avez les privilèges de Dieu. Aussi vrai que cela puisse être pour le roman tel qu'il existe aujourd'hui (et, à lire certains romans modernes, on pourrait difficilement soupçonner sa position divine), cela ne l'est en aucun cas pour le roman dans toute son histoire. Il est clair, si l'on remonte assez loin, par exemple, que chez Longus, ou Plutarque, ou

Pétrone, la position du lecteur est presque aussi grande que celle d'un spectateur que lorsqu'il regarde une pièce de Shakespeare. Et la même chose reste à peu près vraie pour tous les romans jusqu'au milieu du XVIIIe siècle. En effet, ce n'est que lorsque nous arrivons à Richardson et Rousseau que nous trouvons quelque chose qui ressemble à l'insistance moderne sur la vie personnelle et intime d'un homme ou d'une femme comme une chose précieuse en soi. Personne, à l'exception de Montaigne et Burton, qui n'étaient ni l'un ni l'autre romancier, ne semble avoir été introspectif avant cette date. Ce qui comptait auparavant, c'était la conduite ; ce qui comptait après, c'était le ressenti.

Mais si le monde a dû attendre longtemps cette révolution, aucune n'a certainement eu un effet aussi instantané. Chacun sait combien la lecture de *Clarissa Harlowe* a influencé un esprit aussi indépendant et aussi robuste que celui de Diderot, et ce que Diderot ressentait ce jour-là, la France littéraire tout entière ressentirait le lendemain. Le temps des *petits maîtres* et des épigrammatistes était révolu, et tous les regards étaient tournés vers le soleil levant du sentiment ; *Le Sopha* avait cédé la place à la *Vie de Marianne* . Mais ce progrès s'accompagnait de très près d'un inconvénient compensatoire.

Il fallait peut-être, si jamais quelque chose était nécessaire, que cet intérêt nouvellement éveillé pour l'esprit individuel s'accompagne d'un nouvel idéalisme pour le falsifier d'emblée. Quoi qu'il en soit, il ne fait aucun doute que le résultat de cette révolution a été une nouvelle récolte de conventions considérablement moins véridiques et, comme il nous semble aujourd'hui, plus nuisibles que les anciennes. La sentimentalité était née en une nuit. Le monde nouvellement découvert était apparemment un spectacle trop douloureux pour être affronté, et pour cacher sa nudité, de nouvelles doctrines comme « la perfectibilité de l'homme », de nouveaux angles de vision comme ceux du romantisme, devaient d'une manière ou d'une autre être inventées. Cinquante ans devaient s'écouler avant qu'une autre œuvre honnête de l'imagination, à une exception près, pût voir le jour en France ; et l'auteur de cette exception, Laclos , constitue un commentaire aussi intéressant que l'on puisse trouver sur la génération qui succéda à Rousseau. *Les Liaisons dangereuses* sont, pour le moment ou pour tout autre moment, un livre extraordinairement véridique ; les personnages, tels qu'ils s'expriment dans leurs lettres, ne sont pas des monstres inhumains, mais humains ; pas impeccables, mais seulement des innocents insensés. La tragédie évolue de manière moderne ; vous identifiez vos sentiments avec ceux des personnages eux-mêmes. Mais Laclos n'était pas satisfait du livre tel qu'il est. Il était un fervent disciple de Rousseau, et il ne fait aucun doute que le livre qui existe n'était destiné qu'à être une image de la « fausse » société dans laquelle eux et nous vivons, et devait être suivi d'une autre exposition. à quoi ressembleraient immédiatement les hommes et les femmes s'ils pouvaient vivre et agir « naturellement ». « *Le grand défaut de tous ces livres à paradoxes* », disait Voltaire de Rousseau, « *n'est-il pas de supposer toujours la nature autrement qu'elle n'est ?* »

La nature telle qu'elle est — tel devrait être le but des romanciers français du XIXe siècle, pour peu qu'ils en voient l'occasion. Il faut avouer que plusieurs d'entre eux ont échoué. L'intérêt pour la psychologie s'était éveillé, mais on compare *Les Misérables* à *La Princesse de Clèves* et on peut être excusé de l'oublier. En tout cas, tout au long de la première partie du siècle, il semble que la dernière chose qu'un romancier se soit jamais posé était : « Est-ce que moi ou toute créature raisonnable agirais ou ressentirais cela ? Le bon sens avait de nouveau été mis à l'épreuve, et « le beau », « le noble », « le fier », « le pathétique » et « le touchant » tenaient la scène.

Pourtant, de grands progrès ont été réalisés. Balzac, malgré son déséquilibre et son insouciance précipitée, était assez géant pour en faire une centaine pour son propre compte. Les « naturalistes », sans faire de grands progrès en psychologie, du moins ont sérieusement vidé les anciens terrains de scène, en insistant sur le fait qu'une scène d'amour pouvait aussi bien se dérouler dans un wagon de chemin de fer ou dans un fiacre à onze heures. le matin comme sur un lac au clair de lune ou sur un balcon à l'aube. Et Stendhal... mais Stendhal a été le premier des modernes, le maître de toute la génération qui passe, et il lui a fallu attendre les années 80 pour que son influence devienne importante. Ce qu'il y a de précieux dans les progrès réalisés par le roman au cours de sa dernière période n'a de valeur que dans la mesure où il est le résultat d'une insistance, chez Rousseau, à s'intéresser aux subtilités du sentiment humain, et d'une insistance égale, chez Voltaire. , en refusant de les sentimentaliser . Que ce soient les seules lignes sur lesquelles le romancier peut avancer, personne ne songerait à l'affirmer. Mais c'est surtout parce que Marcel Proust semble ici se démarquer de la tête et des épaules de sa génération, et non en raison de ses nombreux autres mérites en tant qu'artiste, qu'il a aujourd'hui un public aussi passionné, bien qu'encore relativement petit.

Il est peut-être, si l'on revient à cette définition de la différence entre un roman et une pièce de théâtre, plus un romancier essentiel qu'aucun homme ne l'a jamais été. Son objectif est, par cent méthodes différentes, de vous faire connaître ses personnages principaux, non pas comme si vous les rencontriez tous les jours, mais comme si vous aviez vous-même vécu un instant dans leur peau et habité leur esprit. Tout doit être fait pour vous aider à atteindre cet objectif. Vous devez ressentir les répulsions et les attractions qu'ils ressentent ; vous devez même partager leurs ancêtres, leur éducation et la classe dans laquelle ils vivent, et les partager si intimement que chez vous, comme chez eux, ils sont devenus une seconde nature. Et cela ne suffit pas non plus. L'homme qui se connaît n'est pas commun, et connaître les personnages de Proust comme on se connaît soi-même ne constitue peut-être qu'un petit progrès dans la connaissance. Ainsi, chaque motif important, chaque réaction à un quelconque stimulus qu'ils reçoivent, est analysé et expliqué jusqu'à ce que votre sentiment soit, non seulement à quel point vous connaissez bien cet être, qui est à bien des égards différent de vous, mais à quel point vous avez plus clairement conscience de vous. Si l'on considère les motifs obscurs de vos actions les plus pénibles et les plus ridicules, combien plus compréhensible est une attitude envers la vie ou envers vos voisins que vous avez vous-même adoptée presque inconsciemment, et peut-être simplement pour vous protéger.

Mais il faut un petit exemple de cela, et il n'est pas facile de trouver un petit exemple de quoi que ce soit chez Proust. Un personnage qui vient d'être esquissé dans un volume sera développé dans un autre, et pour saisir la signification de la première esquisse, il faut attendre une illumination plus complète du développement. Et même dans ce cas, le court aperçu représente le plus souvent plusieurs pages de l'analyse la plus détaillée, tout à fait impossible à citer, ou dans son intégralité. Il y a cependant un tout petit personnage dans le premier livre, *Du Côté de chez Swann* , qui pourrait servir. M. Vinteuil est un obscur musicien de génie, vivant à la campagne. Il tient la tête haute parmi ses voisins et, à cause de sa fille, refuse de rencontrer le seul autre homme vraiment cultivé du quartier, Swann, qui a fait ce que M. Vinteuil considère comme un mariage peu recommandable. Soudain, la fille de M. Vinteuil noue une amitié honteuse. Il y a du scandale aux yeux de chaque homme ou femme qu'il rencontre, scandale dont lui, le pauvre, sait bien qu'il est fondé sur les faits les plus déplorables.

Et pourtant, quoique M. Vinteuil ait pu connaître la conduite de sa fille, il ne s'ensuivait pas que son adoration pour elle en diminuât. Les faits de la vie ne pénètrent pas dans la sphère dans laquelle nos croyances sont chéries ; comme ce ne sont pas eux qui ont engendré ces croyances, ils sont donc impuissants à les détruire ; ils peuvent leur porter des coups continus de contradiction et de réfutation sans les affaiblir ; une avalanche de misères et de maladies arrivant les unes après les autres, sans interruption, dans le sein d'une famille, ne lui fera perdre confiance ni dans la clémence de son Dieu, ni dans la capacité de son médecin. Mais quand M. Vinteuil regardait sa fille et lui-même au point de vue du monde et de leur réputation, quand il essayait de se placer à ses côtés dans le rang qu'ils occupaient dans l'estime générale de leurs voisins , alors il était tenu de juger, de prononcer sa propre condamnation sociale, dans les termes précis qu'auraient employés les habitants de Combray les plus hostiles à lui et à sa fille ; il se voyait lui et elle dans les « basses eaux », les « eaux les plus basses », inextricablement échoués ; et ses manières avaient été récemment teintées de cette humilité, de ce respect pour les personnes qui étaient au-dessus de lui et vers lesquelles il devait maintenant admirer (aussi loin qu'elles aient pu être au-dessous de lui), cette tendance à chercher un moyen de se relever. à leur niveau, ce qui est une conséquence presque mécanique de tout malheur humain.

La citation est choisie en raison de sa brièveté, et il existe peut-être plusieurs centaines d'autres exemples qui, s'ils étaient cités dans leur intégralité, montreraient plus pleinement cette différence essentielle entre le roman tel que Proust l' entend et le roman ou la pièce de théâtre plus ancien. Ici, au moins, nous avons compressé sa méthode. Nous avons la foi inébranlable de M. Vinteuil dans sa fille, comme un tremplin fondé sur le passé et inaltéré par les faits du présent. Nous avons aussi l'attitude compatissante du monde envers lui-même et son attitude hostile envers sa fille. Et de là vient l'autre sentiment de M. Vinteuil , non moins fort que sa foi en sa fille, qu'ils ont en quelque sorte sombré, dégradés, non seulement aux yeux du monde, mais aussi, et à cause de cela, aux leurs. les yeux aussi. Enfin, en réaction de là, on a l'effet de ces sentiments sur les manières de M. Vinteuil , son attitude d'humilité devant le monde pour des péchés qu'il n'a pas commis, pour la conduite d'une personne en laquelle il croit encore complètement, qui , aussi ridicule soit-il pour le logicien, ne peut être reconnu par le reste d'entre nous que comme étant d'une fidélité inquiétante à notre propre expérience. C'est cette complexité de nos émotions, cette capacité de ressentir beaucoup de choses différentes en même temps à propos d'un incident ou d'une personne particulière, que le roman seul peut donner ; et c'est dans cette voie que Marcel Proust s'est aventuré plus loin que tout autre homme.

Et ici, bien sûr, il présente de grands avantages. Proust, contrairement à tant de grands créateurs, a commencé tard dans sa vie l'œuvre par laquelle il sera jugé. Il est mûr comme peu de grands hommes ont été mûrs, cultivé comme encore moins l'ont été. La lecture large est loin d'être courante chez les grands artistes. La force motrice nécessaire à la réalisation de toute œuvre d'art se trouve rarement dans l'alliance d'une culture au sens large ; cela se retrouve le plus souvent parmi les demi-échecs du monde. Ni Shakespeare, ni Molière, ni Fielding, ni Richardson, ni Balzac, ni Dickens, ni Dostoïevski, ni Ibsen n'étaient des hommes de grande culture. Chez Shakespeare, la perte est plus que compensée par la certitude de l'intuition. Il manque chez Balzac la faculté critique qui lui permet, même vers la fin de sa vie, de donner dans la même année une chose aussi belle qu'Eugénie *Grandet* et une autre aussi puérile que *Ferragus* , qui lui permet de comparer les romans de « Monk » Lewis avec *La Chartreuse de Parme* et appeler Maturin « *un des plus grands génies de l'Europe* ».

Mais Proust, comme Montaigne et comme Racine, outre qu'il a une extrême sensibilité à toutes les formes de beauté et de laideur, de bonheur et de malheur, qu'il a rencontrées dans son existence sociale, a aussi beaucoup lu dans les œuvres d'autres hommes sensibles, a comparé leurs impressions les uns des autres et des siennes, a appris de leurs succès et de leurs échecs ; il est armé de plus que son équipement naturel, il a plus d'yeux pour voir à travers que les siens. En fait, ses livres sont remplis d'un bout à l'autre de critiques de la musique, de la peinture, de la littérature, non pas de la manière malheureusement familière dans ce pays, comme des morceaux non assimilés dans le courant principal du récit, mais comme l'expression des opinions de personnages différents.

Ce n'est pas le seul, ni même le principal avantage que lui a conféré une vaste expérience des autres arts et de l'art des autres. Ce qui est plus important est l'attitude qui en découle, consistant à considérer historiquement l'époque et la société dans lesquelles il vit. Rien n'est immobile pour lui, pas même aujourd'hui ; et, parce qu'il se rend compte qu'aujourd'hui lui-même ne sera demain qu'une partie du courant du passé, il peut le considérer avec le même intérêt calme et passionné que celui que nous apportons aux découvertes de Louxor. Comme peu d'hommes le sont aujourd'hui, il apparaît « *au-dessus de la mêlée* », non pas, comme les anciens dieux, « insouciant des hommes », mais curieux, extrêmement sympathique et capable à tout moment d'apporter sa propre expérience. et l'expérience de milliers d'autres hommes au cours de dizaines d'autres siècles jusqu'à la compréhension d'un petit cas à un moment infime qui est momentanément sous son observation.

Donner une idée de l'intrigue d' *A la Recherche du Temps Perdu* - et il y a une intrigue, et elle est très serrée aussi (on ne commence à s'en rendre compte qu'après plusieurs relectures) - est bien entendu hors de portée. de la question. Sa forme est celle d'une autobiographie imaginaire, et il est évident qu'une grande partie de l'autobiographie authentique est inextricablement liée au travail de l'imagination. Le premier livre (*Du Côté de chez Swann*) est occupé en partie par des souvenirs d'enfance, et en partie, comme il semble au premier abord, par une toute autre histoire, le récit d'une histoire d'amour de M. Swann. Bien sûr, cette histoire n'est pas une simple excroissance, mais ce n'est que lentement, à mesure que l'on lit les livres ultérieurs, que l'on commence à voir l'immense ruse de Proust en nous présentant au début du roman les affaires de Swann. Car ils ont un but au-delà du fait que Swann devient avec le temps l'ami du jeune homme, qui est alors dans son enfance, et au-delà du fait qu'il est très intimement mêlé à beaucoup d'autres personnages parmi les plus importants du livre. Et ce but est celui d'un prélude à l'histoire ultérieure et plus complète. C'est, pour ainsi dire, un exemple permanent du début du truisme selon lequel personne n'apprend jamais par les erreurs des autres - que ce qui a été sera de nouveau dans la génération suivante, avec seulement les simples changements extérieurs qu'imposent le temps et le lieu. . Dans le deuxième livre (*A l'Ombre des Jeunes Filles en Fleurs*) nous accompagnons le héros (c'est une des curiosités significatives de Proust, semblable à son refus de diviser son livre en chapitres, que jamais ce héros n'est nommé dans le tout au long du travail) au bord de la mer, et ressentir avec lui les émotions d'un garçon extrêmement sensible qui vient de devenir un homme. Et les livres restants sont tous plus ou moins occupés par ses efforts pour assimiler les nouveaux mondes sociaux à Paris et à Balbec. Plage qui s'ouvrent sous ses yeux curieux et très observateurs.

Il y a ceux qui, après avoir apprécié les deux premiers livres, se plaignent assez amèrement des suivants. L'un des reproches faits à Proust semble être qu'il traite plus que nécessaire de sujets et de personnes qualifiés de « désagréables » ; un autre est clairement, même s'il n'est pas habituellement exprimé en si peu de mots, qu'il est snob. En ce qui concerne le premier reproche, il est vrai que Proust, comme la plupart des écrivains français, a tendance à affirmer avec Térence : *Humani nihil a me alienum puto* ; prétendre qu'il est toujours grossier , qu'il est toujours n'importe quoi, en fait, mais qu'il est extrêmement discriminant dans son toucher, est, en fait, absurde. Mais l'autre accusation est plus valable parce que, même si elle est erronée, elle met l'accent sur un aspect des intérêts de Proust dans la vie qui revêt une importance considérable. Il est vrai que Proust s'intéresse extrêmement non seulement aux individus mais aussi à ces extensions de la personnalité que sont les classes, les cliques, les corps d'hommes et de femmes qui, quelle que soit leur forme, parviennent, en se réunissant, à développer une sorte de vision communautaire de la vie. Il est vrai aussi qu'une grande partie du livre est consacrée à deux de ces classes en particulier, toutes deux riches, l'aristocratie et la *bourgeoisie dynamique* qui aime utiliser l'artiste et l'intellectuel comme « tremplins pour sortir de leur moi mort ». vers des choses supérieures. Mais qualifier cet intérêt de snobisme est sûrement le signe d'une lecture plutôt négligente. C'est supposer que la *naïveté* de la première adoration du jeune homme pour les vieilles familles de France, bien avant qu'il ait appris à les connaître, est en fait l'attitude de Proust lui-même. Même dans le cas du jeune homme, le snobisme semble être un terme dur pour désigner son état d'esprit réel.

Nous ne pourrons jamais non plus atteindre ce but que je désirais tant atteindre, Guermantes même. Je savais que c'était la résidence de ses propriétaires, le duc et la duchesse de Guermantes , je savais que c'étaient des personnages réels qui existaient réellement, mais chaque fois que j'y pensais, je me les représentais soit en tapisserie, comme le « Sacre » d'Esther" qui était accrochée dans notre église, ou bien aux couleurs changeantes de l'arc-en-ciel, comme Gilbert le Mauvais à sa fenêtre, où il passait du vert chou quand je trempais mes doigts dans le bénitier, au bleu prune quand je avait atteint notre rangée de chaises; ou encore tout à fait impalpable, comme l'image de Geneviève de Brabant, aïeule de la famille Guermantes , que la lanterne magique faisait errer sur les rideaux de ma chambre ou projetait au plafond, enfin toujours enveloppée dans le mystère de l'époque mérovingienne. , et baigné, comme dans un coucher de soleil, dans la lumière orange qui brillait de la retentissante syllabe *antes* . Et si malgré cela ils étaient pour moi, en leur qualité de duc et de duchesse, des personnes réelles, quoique d'un genre inconnu, cette personnalité ducale était à son tour énormément distendue, immatérialisée , pour encercler et contenir ce Guermantes de qu'ils étaient duc et duchesse, toute cette « voie de Guermantes » ensoleillée de nos promenades, le cours de la Vivonne , ses nénuphars et ses arbres ombragés, et une suite interminable de chaudes après-midi d'été.

Faut-il s'étonner que ce jeune poète - et il était très jeune - lorsqu'il rencontre pour la première fois la duchesse dans la vraie vie et qu'il soit accueilli dans le cercle restreint de ses amis, se sente extrêmement excité ? Mais snob n'est pas le bon mot.

En fait, bien sûr, ce que ces plaignants ont oublié, c'est l'usage qui a été fait de ce cercle aristocratique dans l'histoire de la vie du héros. Car Proust, comme tout écrivain que l'on peut lire encore et encore, a marqué son œuvre de part en part de sa propre psychologie personnelle singulièrement colorée . Et s'il est un thème qui revient avec insistance tout au long de l'œuvre (comme la phrase de Swann et d'Odette dans la sonate de Vinteuil), incident après incident, dans les aventures d'un personnage après l'autre, c'est bien ce thème de la tristesse qu'aucun idéal ne définit. est réalisable dans ce monde, non pas tant parce que nous ne pouvons pas grimper, ni même parce que l'idéal devient une illusion une fois atteint, mais parce que l'objet auquel nous attachons notre idéal n'est, par nécessité, pas vu tel qu'il est réellement, mais toujours tel que nous j'ai hâte que ce soit le cas. Ceci, avec son complément selon lequel le simple fait de ne pas pouvoir posséder peut conduire au désir même lorsque l'objet en lui-même ne semble pas très désirable, est au cœur même de la philosophie de Proust.

Ce culte de son héros pour l'aristocratie n'est qu'un incident dans ce thème continu. C'est en substance exactement la même chose que toutes ses autres tromperies. Quand Gilberte était l'enfant joliment habillée de son idole Swann, entourée d'une auréole de romantisme due à son amitié avec l'écrivain Bergotte , et qu'elle paraissait mépriser ses avances, il n'y avait rien sur terre qu'il ne donnerait, rien il ne le ferait pas pour obtenir son amitié. Mais une fois cette amitié acquise, l'intérêt qu'il lui porte s'évanouit imperceptiblement jusqu'à ce qu'elle ne joue plus dans sa vie un rôle qu'un souvenir de ce qui était autrefois si âprement désiré. Il en est de même de la *petite bande* de jeunes filles de Balbec alors qu'elle présentait au monde un front uni et exclusif. Ainsi en est-il de la chef de cette bande, Albertine elle-même. Désirable tant qu'elle s'est tenue à l'écart, elle devient, par la connaissance, par la perte de ce mystère qui existait, comme toujours, non pas en elle, mais seulement en celui qui la désirait, presque ennuyeuse. Il est sur le point de la quitter, d'en finir une fois pour toutes avec la *liaison* . Soudain, tout est changé. Il a des raisons de douter de sa totale fidélité à son égard. Avec la douleur de ce doute, l'amour se réveille à nouveau, et à la fin du dernier volume publié nous le laissons sur le point de courir à Paris pour l'épouser. C'est là encore tout le sens du mariage de Swann avec la vulgaire et impossible Odette de Crécy . C'est le thème continu de toutes les pitoyables tromperies de M. de Charlus . «En plus», dit-il à un endroit,

les maîtresses dont j'ai été le plus amoureux n'ont jamais coïncidé avec mon amour pour elles. Ce devait être le véritable amour, puisque je subordonnais tout le reste du monde au hasard de les voir, de les garder pour moi, et que j'éclaterais en larmes si, un soir, je les entendais parler. Mais il faut les considérer eux-mêmes plutôt comme doués de la propriété de susciter cet amour, de l'élever à son paroxysme, que comme en étant les incarnations... On eût dit qu'une vertu qui n'avait rien à voir avec eux avait été arbitrairement qui leur étaient attachés par la nature, et que cette vertu, ce pouvoir quasi galvanique, avait pour effet sur moi d'exciter mon amour, c'est-à-dire de contrôler toutes mes actions et de causer toutes mes peines. Mais à partir de là, les regards, ou l'intelligence, ou les faveurs que me témoignaient ces femmes étaient tout à fait distincts.

C'est donc dans ce contexte qu'il faut penser à la fascination du jeune homme pour ce qui était après tout le cercle le plus socialement charmant dans lequel il aurait pu entrer. Le désir d'une véritable aristocratie, non seulement composée de cerveaux, mais entourée de toutes les richesses de l'histoire et des légendes, est tout à fait compréhensible. Le seul doute est de savoir si ses représentants existent. Mais chez Proust lui-même, le charme est sans doute une chose plus subtile que cela. Cela a pour lui quelque chose de l'attrait d'une religion morte. Tant qu'elle était encore une puissance dans le monde, on l'aurait trouvé dans l'opposition, comme le prince de Guermantes se trouvait dans l'opposition aux autorités militaires quand enfin, et au grand chagrin de lui-même, il commençait à soupçonner leur conduite à l'égard des Dreyfus. cas. Mais l'aristocratie en tant que puissance en France est morte ; il ne reste que le rituel, les associations historiques, l'existence complète d'un petit monde dans le monde.

En fait, cet intérêt pour les cliques n'est en aucun cas limité à l'aristocratie. Les Verdurins sont au moins tout aussi importants , qui, malgré leurs richesses, se situent au pôle opposé de la civilisation . Et pourtant, avec toute leur vulgarité, avec tout leur snobisme intellectuel, avec tout leur manque de goût et d'éducation, avec toute leur affectation de *petit clan* , n'est-il pas évident que, jusqu'à un certain point au moins, l'intelligence soit en marche ? leur côté du grand livre ? Il y a encore ce regard sur la vie de caserne, par l'intermédiaire de Saint-Loup, qui, bien que petit, est un aussi bon résumé du monde militaire qu'on connaît. Il y a des pages inoubliables sur les Juifs. Il y a même ce petit monde des domestiques d'hôtel qui a visiblement intéressé Proust presque autant que tous les mondes plus vastes qu'il a pris tant de soin à décrire. Et, surtout dans les premiers livres, il y a ces descriptions du monde des parents et des grands-parents du jeune homme, si typiques de la *bourgeoisie honnête* , si profondément dessinées dans leur droiture et leurs idées sociales un peu limitées, si sûres et avides de sécurité, si aimant envers leur garçon et pourtant si soucieux de ne pas le « gâter ». Jamais, à l'exception de Saint-Simon et de Tolstoï, aucun auteur n'a si bien réussi à rendre l'atmosphère de telle maison ou de telle fête ; jamais personne n'a analysé d'aussi près le comportement des hommes en petites masses homogènes.

En 1896, alors que Proust était encore un jeune homme, il publia un livre qui, sans être d'un grand intérêt en soi, est naturellement précieux pour ceux qui étudient son œuvre, tant pour ce qu'il contient en germe que pour ce qu'il omet : du Proust qui allait devenir un maître. Et Anatole France écrivit à ce livre une charmante préface, dans laquelle il dit diverses choses qui durent paraître plus amicales que critiques aux lecteurs de cette époque. Il écrivit entre autres les mots suivants :

Il n'est pas du tout innocent. Mais il est sincère et si vrai qu'il en devient naïf et s'il vous plaît ainsi. II ya en lui du Bernardin de Saint-Pierre dépravé et du Pétrone ingénu.

Ces mots sont une singulièrement bonne description du Proust que nous connaissons aujourd'hui. Il n'est pas innocent et il reste *naïf*. On raconte que, lors de sa dernière maladie, il insista pour être emmitouflé dans une voiture et conduit à la campagne pour voir l'aubépine, alors en fleur. La fraîcheur de la joie dans toutes les belles choses lui est restée, autant que nous pouvons le constater, jusqu'à la fin de sa vie. Cela est aussi évident dans le récit émouvant de la confession du prince de Guermantes à Swann au début du dernier livre que dans les premiers chapitres de Combray du premier. Il était extrêmement sensible et continuellement surpris par la beauté. Mais contrairement à la plupart des gens sensibles, il n'a pas insulté l'humanité, ni s'est enfermé, ni ne s'est construit un palais pour échapper à la réalité dans sa propre théorie sur le sens de tout cela. Il se mit à observer et à noter ses observations.

À bien des égards, la description qu'Anatole France fait de lui comme du naïf Pétrone de notre temps est extrêmement intelligente. Et notre époque ressemble à bien des égards à l'époque où Pétrone écrivait. Il y a une aristocratie qui a perdu sa *raison d'être* , et un flux continu de nouveaux ploutocrates sans traditions, sans goût, sans autre objectif dans la vie que de dépenser au mieux de leur pouvoir d'auto-publicité. La foi dans l'ancien ordre social a disparu et rien de nouveau n'est apparu pour le remplacer. Là où nous différons entièrement de cette époque, c'est dans la conscience de soi. Et c'est là aussi que le Pétrone moderne doit différer de l'ancien. Pour le meilleur à certains égards et pour le pire à d'autres, nous sommes bien plus complexes que jamais ; nos motivations sont à la fois plus mitigées et plus clairement examinées . Et un écrivain qui parvient à insérer de manière satisfaisante cette époque dans les pages d'un livre doit non seulement être extrêmement intelligent et extrêmement observateur, mais doit également s'être forgé un style capable d'exprimer les nuances les plus subtiles des sentiments ; il doit refuser les simplifications faciles du moraliste et du complotiste ; il doit être infiniment sensible et infiniment véridique. Personne ne prétendrait complètement que Marcel Proust personnifie cet idéal. Mais il semble, du moins pour certaines personnes, s'en être approché plus près que tout autre écrivain de notre époque.

RALPH WRIGHT.

V

LE « PETIT PROUST »

Pour ceux d'entre nous qui ont lu ou qui lisent actuellement l'énorme roman de Proust, c'est une curieuse expérience de revenir à sa première publication, au livre écrit par le garçon précoce dont les réussites sociales sont si longuement décrites dans *A la Recherche. du Temps Perdu* . Ce livre, *Les Plaisirs et les Jours* , parut en 1896, dix-sept ans avant la publication de *Du Côté de chez Swann* . *Les Plaisirs* est un grand volume brillant, un « tome » de salon prétentieux, imprimé de la manière la plus coûteuse et rendu hideusement élégant par les illustrations de Madeleine Lemaire sur le haut des *années* 90 – une étonnante *élite* de grandes dames mélancoliques. , délicieusement à la mode dans des costumes que le temps, avec sa touche ironique, a rendus inconcevablement démodés et démodés. Quelques exemplaires de ce grand livre sont parus récemment dans les librairies de Londres, alors que sa rareté et sa valeur ne semblent pas avoir été connues ; et un de ces exemplaires est arrivé, de la manière la plus heureuse, en ma possession. Il contient les exercices littéraires et les premiers essais du « petit Proust » du grand roman, quelques vers sans valeur particulière, quelques histoires et pièces de description, et de nombreux poèmes courts en prose. Ces pièces ont toutes été écrites, nous dit l'auteur, entre sa vingtième et sa vingt-troisième année ; le style est quelque peu sentencieux, immature et précieux : c'est l'écriture d'un garçon — mais, on le voit tout de suite, d'un garçon de génie. Car ici, non seulement dans leur bourgeon, mais dans leur première floraison exquise, nous retrouvons toutes les grandes qualités de l'œuvre ultérieure de Proust : la belle sensibilité, l'observation, comme celle d'un insecte aux mille yeux d'insecte, l'étude subtile et élaborée de la passion, avec son aube, ses tourments de jalousie et, ce qui est si original dans le grand roman, l'analyse, non seulement du fait de tomber amoureux, mais de la fin de l'amour, la lente et inévitable disparition de la passion la plus ardente. dans la plus froide indifférence. En effet, la plupart des thèmes, et souvent les situations mêmes, des œuvres ultérieures sont non seulement esquissées mais heureusement rendues dans ce volume enfantin : l'attrait romantique du monde et sa vulgarité sans cœur, la beauté des paysages, des arbres et des haies en fleurs. et la mer, le pouvoir évocateur des noms, les intermittences de la mémoire, le désir de l'enfant d'attendre le baiser de bonne nuit de sa mère, le grand dîner, avec toutes les ambitions et les prétentions des hôtes et des invités cyniquement analysés et mis à nu. Et ici aussi, nous trouvons quelque chose qui, à mon avis, présente encore plus d'intérêt et sur lequel, comme les autres critiques de Proust l'ont à peine évoqué, quelques mots ne seraient peut-être pas déplacés.

Lorsque le petit Proust se plongea dans le plein courant de ses expériences parisiennes, il était, nous dit un de ses amis, déjà, dès ses premières études, imprégné de la philosophie de Platon ; et bien que ses jours fiévreux aient été remplis d'amours et de succès mondains, et qu'il ait vidé jusqu'à sa lie, comme on dit, la coupe enchanteresse de la vie, tout ce qu'il a senti et vu ne semble avoir que confirmé chez ce garçon précoce la leçon que Platon lui avait déjà enseigné la leçon, à savoir que le vrai sens de la vie ne se trouve jamais dans l'expérience immédiate ; qu'il existe une autre réalité qui ne peut être envisagée que par l'esprit, et comme créée par l'intellect, une réalité plus profonde et plus ultime, en présence de laquelle la vie ne semble plus contingente, médiocre, mortelle, et ses vicissitudes sont considérées comme hors de propos, leur brièveté comme une illusion. Certes, dans cette grande bataille entre les Géants et les Dieux, que décrit Platon dans le *Sophiste* , la bataille dans laquelle les Géants affirment que seules sont réelles les choses qui peuvent être touchées et manipulées, tandis que les Dieux se défendent d'en haut à partir d'un monde invisible, « affirmant puissamment » que la véritable essence consiste en des idées intelligibles – dans cette guerre éternelle, Proust se bat aussi ostensiblement que Shelley aux côtés des dieux. J'espère pour lui, comme pour Shelley,

crée

De sa propre épave la chose qu'il contemple ;

et c'est cette attitude envers la vie, cette contemplation créatrice de l'expérience qui, à mon avis, donne sa signification plus profonde à l'œuvre de Proust et donne une importance et une profondeur de sens aux amours juvéniles et plutôt minables, aux méchancetés et aux mondanités à la mode . qui constituent une si grande partie de son sujet. Quelle était l'« intention » ultime de Proust en écrivant son grand roman, l'intention qui, une fois réalisée, donnera, nous devons l'espérer, une forme définitive et satisfaisante à cette immense création, doit rester une question de conjecture jusqu'à ce que l'œuvre complète soit devant nous. . Il y a cependant de nombreuses raisons d'indiquer que lorsqu'il s'est retiré du monde pour passer au crible et analyser son expérience d'enfant, c'était dans le but de dégager de ce flux de la vie et du temps les significations implicites qu'il contenait – pour récupérer, se développer dans le flux de la vie et du temps. chambre sombre de la conscience, et recréer les réalités et les idéaux ultimes que l'expérience révèle, même si elle ne les atteint jamais vraiment. Le titre de l'ensemble de l'ouvrage, *A la Recherche du Temps Perdu* , et celui de son dernier volume encore inédit, *Le Temps retrouvé* , semblent en effet suggérer un tel objectif.

Qu'il y a quelque chose d'irrémédiablement qui ne va pas dans le moment présent ; que la vraie réalité est la création du désir et de la mémoire, et qu'elle est plus présente dans l'espoir, dans le souvenir et l'absence, mais jamais dans l'expérience immédiate ; que nous tuons nos âmes en vivant, et que c'est dans la solitude, dans la maladie ou à l'approche de la mort que nous les possédons le plus véritablement - c'est sur ces thèmes, qui sont répétés avec des harmonies plus profondes et des modulations plus riches tout au long de son œuvre ultérieure. , que le jeune Proust harpe dans cette ouverture divinement fraîche du chef-d'œuvre qui allait suivre. Assurément, pense-t-on, un livre d'une telle promesse exquise et d'une telle réussite de jeunesse, annoncé au monde par la préface d'Anatole France et dont on parlait sans doute dans tous les salons parisiens, a dû produire une impression remarquable sur des gens si cultivés. comme les Parisiens, si attentifs à découvrir et à apprécier le mérite littéraire. Cependant, comme nous le savons, cela n'a pas produit une telle impression ; malgré les éloges d'Anatole France, personne ne semble avoir eu une réelle idée de son importance, ni avoir deviné qu'un nouveau génie était apparu, qu'une nouvelle étoile était née. Et lorsque, après avoir publié ce grand volume brillant et méconnu, son auteur a disparu du monde dans une chambre de malade solitaire, il semble avoir été considéré (pour autant qu'on l'ait considéré) comme un garçon prétentieux et affecté. qui avait été un temps un favori dans les salons du monde, un petit dilettante à tête tournée, qui était monté comme une fusée dans le ciel de la mode, mais dont on n'entendrait plus parler dans le monde des lettres, où de toute façon cette jolie décoration n'avait presque pas attiré l'attention. Telle semble avoir été l'impression même de ceux, parmi les amis personnels de Proust, qui étaient eux-mêmes écrivains, et qui, en relisant *Les Plaisirs et les Jours* , s'étonnent maintenant, comme l'avoue M. Gide, d'avoir été si aveugles à sa beauté quand ils l'avaient lu pour la première fois, que dans les premiers vols d'aigle de ce jeune génie, ils n'avaient vu guère plus que les battements insignifiants d'un papillon gai de la mode.

Lorsque nous lisons la vie des grands artistes du passé, nous sommes susceptibles d'être étonnés de l'indifférence de leurs contemporains à l'égard de leurs premières réalisations ; et nous ne pouvons pas croire que nous aussi, dans les mêmes circonstances, aurions fait preuve du même manque de discernement. Mais voici, de nos jours, un exemple évident de cet aveuglement contemporain ; et moi, du moins, en lisant le premier volume du petit Proust et en voyant si clairement s'étaler devant moi, comme à la lumière d'une belle aube, le monde de sa création, j'essaie de me faire croire que si le midi de son génie Je n'avais jamais éclairé ce monde et ne me l'avais pas rendu familier, que si Proust n'avait jamais vécu pour écrire Swann et les Guermantes , je serais moi aussi aussi aveugle que ses amis l'étaient à sa beauté et à ses mérites. Je me dis cela, et pourtant, avec le livre devant moi, je n'arrive pas à y croire. Mais ensuite je me rappelle ce que je sais déjà très bien, à savoir que de nouvelles aubes de l'art peuvent apparaître justement aux horizons vers lesquels nous ne regardons pas et éclairer des paysages dont nous n'avons pas encore la moindre connaissance ; et que ce n'est qu'après, lorsque toute l' *œuvre du maître* nous sera connue, que nous pourrons voir les véritables mérites de ses premières tentatives, et y relire le sens et la valeur de son œuvre complète et reconnue. La morale de tout cela (et il est agréable de terminer, si possible, ses réflexions par une morale) — la morale est que nous ne savons pas, nous ne pouvons pas savoir, ce que font réellement ces inquiétants personnages, nos jeunes contemporains ; que nous devons « regarder jusqu'au bout », comme le dit le vieil adage ; et que dans les premiers essais d'autres jeunesses qui, comme Proust, étaient dotées de génie, mais dont les dons, contrairement aux siens, ne se concrétisèrent pas, nous possédons sans doute des chefs-d'œuvre anciens dont nous ne pouvons avoir aucune conception, des mondes de l'imagination qui existent réellement et brillent à la lumière d'une aube exquise devant nos yeux, même si nos yeux ne peuvent pas les voir.

LOGAN PEARSALL SMITH.

VI

GRATITUDE D'UN LECTEUR

Un de mes oncles FRANÇAIS m'a emmené un jour, enfant, chez un mathématicien distingué qui vivait avec ses melons et ses roses à la périphérie d'une petite ville du Lyonnais. En chemin, on me recommanda de ne pas interrompre par des questions stupides ce qu'on me faisait supposer être une enquête importante de deux savants sur l'origine de l'univers : Monsieur X... ne m'accepterait plus jamais chez lui si je le pouvais. je ne me comporte pas mieux que la plupart des enfants d'aujourd'hui. Nous attendions notre hôte dans une grande pièce moisie, au soleil tamisé, où pas même une mouche ne bourdonnait et où le seul signe de vie était l'ombre d'un oiseau qui passait à travers le store jaune ou le filigrane frémissant d'une branche qui se reflétait. Bientôt M. X... entra pour nous saluer ; mais sans montrer aucune envie de discuter de philosophie avec mon oncle, il nous conduisit à des chaises et à une table disposées sur le gazon clairsemé, sous ce qui devait être, je pense, un grand arbre catalpa. Ici, il a rempli mon assiette de gâteaux, de fruits et de friandises, a insisté sur le fait que j'étais assez vieux pour boire deux verres de cordial et, lorsqu'il a commencé à parler, il a parlé de ses voisins de manière très amusante .

La gratitude est peut-être le plus grand embarras de l'enfance ; non seulement l'expression verbale de remerciements, mais l'émotion elle-même, qui, plus elle est ressentie profondément, plus elle est mêlée de honte. En vieillissant, nous apprenons ce qu'on appelle la politesse ; et bien que nous soyons encore capables d'être confus et de souffrir d'un excès de gratitude, nous avons appris à couvrir cette confusion et cette douleur muettes avec une phrase désinvolte comme « Je ne sais pas comment vous remercier ». Mais le silence de l'enfant exprime la profondeur de sa gratitude ; et de même que je baissais la tête avec un embarras silencieux lorsqu'on m'invita à remercier Monsieur X... pour sa gentillesse, de même maintenant, alors que je devrais remercier Marcel Proust, de ne pas interrompre le discours de qui j'ai été comme mis en garde par le respect accordé à lui par nos oncles les critiques, mais qui lorsque je l'ai rencontré en tant que lecteur remplissait mon assiette d'un fruit délicieux et de friandises et de gâteaux après l'autre (imprégnait ces gâteaux dans de la tisane de tilleul ou du thé), je me sens incapable d'exprimer ma gratitude ; et je crains de me livrer à la critique, de peur de ne devenir qu'un oncle de plus entre Proust et cet enfant innocent, reconnaissant, craintif et maladroit, le public.

Si je dis que je considère Proust comme le seul récit poétique pleinement satisfaisant, le phénomène littéraire le plus important de notre époque, j'ai l'impression d'être impliqué dans une discussion avec des gens qui pensent que l'effusion incessante de vers modernes a plus de signification que, par exemple, disons, un robinet de baignoire qui est resté ouvert. Et je ne veux tout simplement pas discuter de ce que j'aime. Si je dis que Proust représente le sommet atteint jusqu'ici par l'art féminin ou réaliste de cette époque, tout comme Stendhal représente le point culminant de l'art masculin ou idéologique du XVIIIe siècle, ou que Proust parvient au général à travers une exploration incroyablement sensible de le particulier, alors que Stendhal réalise le particulier par sa conscience exquise du général, je suis impliqué dans une conférence. Et je ne veux tout simplement pas donner de leçons sur ce que j'aime. L'ennui est que, pour démontrer Proust à ceux qui ne l'ont pas lu, il faut avoir un pouvoir d'évocation aussi subtil, une manière de suggestion aussi riche que Proust lui-même, qui pourrait, je crois, rendre intéressant même un rêve. , afin que nous vivions dans ce rêve et en extrayons la saveur essentielle de sa particularité aussi authentiquement que le rêveur. C'est pourquoi Proust écrit sur l'enfance avec tant de magie. Il parvient à reconnaître, dans la complication d'événements qui se produisent simplement et sont oubliés, la durée idéale dans laquelle ils s'enracinaient et qui leur donnait leur poids matériel et leur prodigalité spirituelle. Ce n'est que dans l'enfance, ou en tout cas seulement dans des fragments isolés du temps plus tard, que nous possédons intimement ce sens de la durée lorsque les objets nous interpellent comme leur moi essentiel, comme de pures énergies. À d'autres moments, nous les valorisons selon la mesure dans laquelle ils nous aident dans la vie, selon qu'ils nous sont utiles, et nous perdons ainsi le sens de leur existence indépendante. Je viens de relire le chapitre de Combray (merveilleusement enchâssé dans une traduction qui, comme la traduction des ossements d'un saint, ne détruit rien de leur efficacité), et je l'ai mis de côté, en pensant aux *Ricordanze de Leopardi* et en écoutant où , sous les scintillations de la Grande Ourse,

sous le pays

sonavan voci alterne, et le tranquille

opre de' servi .

COMPTON MACKENZIE.

VII

GILBERTE

LEURS regards se croisent à travers une haie alors qu'elle est encore une petite fille. Dans ses yeux, le regard est celui d'un attrait inconsciemment, dans les siens, d'une indifférence et d'un mépris ironiques. Il entend son nom appelé : « Gilberte » ; et elle obéit instantanément sans se retourner pour regarder dans sa direction, lui laissant un souvenir inquiétant et énervant, le sentiment soudain apprécié de choses lointaines et intangibles, d'un monde qui lui est refusé. Et cette brève rencontre donne le ton de leurs relations. Elle est toujours en grande partie une créature de son imagination, une fenêtre à travers laquelle il peut voir mais ne peut atteindre les pâturages immortels. Jamais dans le sens où Odette l'est, elle ne devient pour lui une personnalité. Par conséquent, elle n'apparaît au lecteur que par éclairs intermittents de réalité : lorsqu'elle lui donne la bille qui a la même couleur que ses yeux ; quand ils luttent pour la lettre – leurs sentiments s'expriment timidement – et qu'elle dit : « Vous savez, si vous le souhaitez, nous pourrions continuer à lutter un peu » ; quand malgré l'anniversaire de son grand-père et la désapprobation de son père, elle insiste pour aller à un concert : dans son impatience d'être empêchée d'un cours de danse par la visite inattendue de son amant.

Et quand on se souvient des peines sans fin dépensées, par l'amour de Swann pour elle, sur Odette, pour faire effectivement un miroir de cet amour pour la femme qui l'inspirait et dont il tirait sa force et sa faiblesse, on se rend compte que c'est à dessein que le l'auteur a laissé de Gilberte « une beauté perçue au crépuscule, une beauté pas clairement vue » ; qu'il considérait les émotions ressenties pour elle comme n'étant une réponse à aucune émanation d'elle-même ; mais qu'elle était plutôt un foyer, un point de ralliement pour les aspirations et les indications de l'enfance ; qu'elle était en elle-même inintéressante, remplissant plutôt qu'elle ne créait une place dans la vie du « moi » de *A la Recherche du Temps Perdu* . Tout au long de l'épisode, l'attention du lecteur est toujours fixée sur le « moi », sur l'analyse détaillée de son amour : ses flux et reflux ; son aube de timidité, de respect et de désir désespéré ; son mécontentement ; sa substitution à l'amour de l'amitié ; son essai oblique et inédit, dans la lutte, vers une expression physique ; la démission au nom d'une carrière diplomatique qui l'éloignerait de Gilberte ; le désaccord sur une bagatelle ; la reconnaissance progressive de son pouvoir défaillant, et la prise de conscience finale que ses émotions, qu'il avait considérées à la lumière d'un cadeau fait à Gilberte, comme sa possession permanente, lui étaient revenues, pour être comblées à temps, mais dans un forme différente, devant une autre femme. Cette série particulière d'émotions, si familières et pourtant, appartenant au jardin enchanté de Jurgen entre l'aube et le lever du soleil, si lointains ; cet amour qui doit, selon l'expression de John Galsworthy, « devenir avec le temps un souvenir parfumé – une passion brûlante – une amitié banale – ou une fois de temps en temps un millésime plein et doux avec la couleur du coucher du soleil sur les raisins », a déclaré Marcel Proust dans les dernières pages. de *Du Côté de chez Swann* et la première partie de *A l'Ombre des Jeunes Filles en Fleurs* présentées dans une analyse sans faille.

C'est une série d'émotions qui a été maintes fois traitée et qui a inspiré plus d'un chef-d'œuvre de la littérature mondiale. Car, quoi que ce soit dans la vie qui arrive deux fois, cela n'arrive pas. L'amour peut avancer assez souvent et assez gaiement au fil des années, « renversant par le rire tous les souvenirs anciens » : les passions de la maturité peuvent être plus profondes, plus fortes, moins éphémères. Mais le charme particulier de cette première floraison est insaisissable . D'où sa fascination unique pour le romancier. Comparer la manière dont Proust traite ce sujet avec celle d'autres écrivains – avec, par exemple, le magnifique *Premier Amour de Tourgueniev* – serait une entreprise désespérée et insensée. Louer l'un au détriment de l'autre équivaudrait à reprocher à un grand écrivain de n'avoir pas réussi à réaliser un objectif qu'il n'avait jamais visé. Ceux qui sympathisent avec les méthodes de Proust, qui reconnaissent dans la technique de son œuvre une formule nouvelle, dans son style un nouveau rythme de prose et dans son esprit une intelligence vive et originale, considéreront toujours Gilberte comme l'une des ses plus heureux succès.

ALEC WAUGH.

VIII

LES FEMMES DE PROUST

L A littérature de l'imagination a toujours été riche en autobiographies, avouées et inavouées. C'est dans son essence, peut-être devrait-on dire dans son impulsion, une affaire de réminiscence passionnée. Considéré donc comme un simple écrivain récent et distingué ayant choisi de traiter ouvertement des *Choses Souvenues* , Proust doit défier la comparaison avec des dizaines d'hommes éminents, ses prédécesseurs et ses contemporains. Tolstoï nous a livré sa propre histoire de vie, non seulement de manière diffuse à travers ses romans et ses brochures, mais aussi dans cette merveilleuse pièce de reconstruction, *Enfance et jeunesse* . Parmi les hommes vivants, James Joyce, doté d'un don épique et d'un exploit héroïque de mémoire, a enregistré pour nous une impression de son passé, physique, mental, spirituel, et l'a montré entrelacé avec d'innombrables autres vies. Et ce sont deux pris au hasard. *A la Recherche du Temps Perdu* — Proust n'a pas été le premier, et ne sera pas le dernier, à en choisir le thème.

Là où Proust est encore seul, c'est dans sa manière d'aborder son thème. Ou, avec plus d'exactitude, pourrait-on dire, sa manière, vigilante et passive, avidement tranquille, de laisser son thème empiéter sur lui et le réclamer. Toute tentative de reconquête du passé est pour lui « vaine », un « travail vain ». Son objectif n'est pas la reconstruction, mais la compréhension des choses dont on se souvient. Et à cette fin, il s'autorise, délibérément , ce que le réaliste rejette mais que l'homme simple chérit tous sans le savoir : le mirage dans lequel, pour chacun de nous, baigne son propre passé. Dépouillez le passé, semble dire Proust, du cadeau que lui offre le présent – la lumière qui n'a jamais existé sur mer ou sur terre – et vous lui enlevez son essence ; traitez le présent comme indépendant du passé et vous détruisez son intégrité. Que cela est vrai, nous, en tant qu'êtres humains – agissant, pensant, recevant des impressions d'instant en instant – devons le reconnaître lorsque cela nous est signalé. Notre existence réelle n'est pas tant un récit qu'une toile dans laquelle la navette des événements va et vient entre la chaîne et la trame du passé et du présent, dont elle ne peut échapper, pas plus que nous-mêmes. Le problème est qu'elle est si rarement soulignée, et encore moins peut-être par les romanciers, qui en la matière sont encore très en retard sur notre expérience humaine commune. L'emprise avec laquelle Proust s'est emparé des valeurs philosophiques et esthétiques de la mémoire – comme, par exemple, dans le passage où il décrit la consommation, après de nombreuses années d'intervalle, d'une *petite madeleine* trempée dans du thé – est une nouveauté. Dans la littérature. Voici par excellence le romancier au passé.

Personne avant lui n'a pris *Things Remembered* non seulement comme thème mais aussi comme support.

L'oublier, ou même le minimiser un instant , en parlant de Proust, c'est complètement perdre ses repères. Mais, habitués au fond de notre cœur à son traitement du passé, nous le sommes si peu en littérature qu'il n'est vraiment pas facile d'éviter le point de vue artificiel, d'autant plus que Proust ne proclame son naturalisme ni explicitement ni par bizarrerie de style. Son allure est si calme et si classique qu'il ne semble pas évident d'examiner ses locaux.

Ainsi, à propos de son long livre de mémoire, on entend des questions posées par des lecteurs intelligents et même admiratifs. Il y a ses femmes « de l'ombre » – « Les femmes ont-elles à un moment donné signifié quelque chose pour Proust ? » : il y a sa chronologie déconcertante – « Quel âge aurait son héros lors de tel ou tel incident ? » : il y a sa pose sociale. — « Proust lui-même n'était-il pas un snob aussi mauvais que tous ceux qu'il décrit ? Mais de telles questions ne peuvent être posées que dans l'oubli, et l'on ne peut y répondre que dans le souvenir constant de l'attitude unique de l'auteur à l'égard de son sujet principal, le passé.

C'est pour cette raison que, tout en souhaitant faire quelques observations sur les femmes de Proust, je n'estime pas faire de digression si j'attire ici l'attention sur un passage particulier qui apparaît au début du roman, vers la fin de la section *de Combray* du tome I. .—un passage dans lequel il donne non seulement les circonstances de la première composition littéraire de son héros, mais nous présente le fragment composé lui-même. Il y a quelques pages, le garçon déplore que, malgré son choix de carrière littéraire, son esprit soit vide de sujets, son intellect, à la simple idée d'écrire, un vide. Maintenant, tout à coup, en roulant, il est si profondément captivé par le charme de trois clochers qui s'éloignent et s'avancent, disparaissent et réapparaissent, toujours dans des rapports différents les uns par rapport aux autres, selon que le soleil couchant prend leurs angles et que la voiture serpente le long de la route. route de campagne, que les mots lui sautent dans la tête et, malgré tous les cahots et les désagréments du moment, il doit immédiatement les écrire pour « apaiser sa conscience et satisfaire son enthousiasme ».

Le morceau de prose ainsi écrit est reproduit, dit le narrateur, « avec seulement une légère révision ici et là ». Nous pouvons nous permettre, je pense, de présumer qu'il s'agit pour l'essentiel d'un record vrai. [2] Certes, il nous fournit la clé de toute l'œuvre. On trouverait facilement des passages de Proust plus exquis, plus caractéristiques encore ; aucun n'est aussi significatif. Ces clochers toujours changeants, tantôt devant, tantôt derrière, s'éclaircissant, s'assombrissant, changeant, ressemblant tantôt à trois pivots d'or, tantôt à trois oiseaux perchés dans la plaine, ils révèlent, plus pleinement et plus subtilement que n'importe quel exposé philosophique, à la fois la méthode et la préoccupation philosophique de l'auteur. Ils déclarent que pour lui il n'y a jamais eu de perspective réelle mais toujours psychologique, et cela *lui est propre* . C'est pourquoi il n'existe aucun moyen intellectuel ou logique de vérifier les observations de Proust. Soit nous les acceptons tels qu'il les donne, émotionnellement, soit nous les rejetons comme dénués de sens. Il n'a, nous le dit-il à plusieurs reprises, aucune confiance dans l'observation intellectuelle et il ne se présumera pas non plus de la déduction logique dans les questions de sentiment humain. Il rejette discrètement cette hypothèse d'une connaissance semblable à celle de Dieu que nous en sommes venus à rechercher avec tant de confiance chez nos écrivains de fiction. Il n'aura aucune de cette imagination sympathique qui « se met à la place d'autrui ». Il refuse, par malhonnêteté, de se projeter ou d'interpréter le personnage d'autrui. « Nous seuls, dit-il, par notre croyance qu'ils ont une existence propre, pouvons donner à certaines des choses que nous voyons une âme qu'elles gardent ensuite, qu'elles développent dans notre esprit. » Essentiellement, c'est-à-dire qu'il croit ne rien savoir en dehors de ses propres sensations, et pour lui chaque sensation est inextricablement liée au souvenir. Qu'il parle d'une femme ou d'un thème musical, d'une histoire d'amour ou d'arbres dans le parc, il n'oublie jamais que dans l'acte même d'observer, il faut compter avec plusieurs éléments. La chose observée peut paraître aux yeux désinvoltes fixés comme les trois clochers. Mais Proust sait mieux. Il sait qu'il est lui-même en mouvement, qu'en lui son passé est dans un mouvement différent, dictant, suggérant, comparant, rappelant, détournant l'attention, et que par conséquent les clochers eux-mêmes ne sont jamais immobiles en réalité. Rien dans la vie n'est stable. Dans le flux de notre passé et de notre présent, des figures extérieures à nous semblent surgir, bouger, agir. Mais de tels mouvements n'ont de réalité que dans la mesure où ils se reflètent dans le miroir unique d'une âme. Et pour Proust, ce miroir est celui de l'individu et de sa mémoire.

Ce n'est pas pour rien qu'un tel romancier est parfois qualifié de difficile. Il ressemble trop à la vie pour être facile. D'autres romans, à côté du sien, semblent d'une statique accommodante, d'autres personnages terminés, compris à chaque printemps de chaque action – tout comme ceux que nous connaissons dans la vie ne sont jamais terminés ni compris.

Mais il faut en venir aux femmes.

Un homme particulièrement sincère m'a dit un jour qu'après vingt ans de vie conjugale, il ne comprenait pas mieux sa femme que le jour où il l'avait épousée. Il s'était bien sûr familiarisé avec ses modes de pensée et d'action qui lui servaient de connaissances pratiques au quotidien. Mais la familiarité n'avait jamais engendré la compréhension. Ses motivations sous-jacentes, la signification ultime de ses regards et de ses paroles, restaient cachées.

C'est, je pense, la position de Proust, surtout lorsque la femme l'affecte puissamment. Dans tous les cas, nous pouvons *voir* ses femmes, et jusqu'à présent, elles sont l'inverse de l'ombre. Grand-mère, mère, tantes et servante : les femmes qui entourent son enfance ; Mlle. Vinteuil et la duchesse de Guermantes , figures féminines qui choquent ou font vibrer son imagination d'enfant ; Odette, la cocotte mature qui représente tout au long de sa jeunesse le mystère féminin et le glamour ; Gilberte, la fille d'Odette, puis Albertine, les jeunes filles, toutes deux coquines, dont il tombe amoureux ; Madame Verdurin et son entourage, les mondains qui évoquent son ironie d'adulte la plus délicate ainsi que son mépris le plus rance ; ceux-là, simplement comme des images, se jettent sur nous tout entiers. Rien de plus objectif que leur présentation à l'œil et à l'oreille du lecteur. Nous ressentons avec chacun comme si nous l'avions rencontré en chair et en os – comme on rencontre une connaissance fortuite. L'épouse soumise de la mère ; l'incorruptibilité presque masculine de la grand-mère ; le courage du serviteur; la névrose de tante Léonie ; la méchanceté sans enthousiasme de la fille du maître de musique ; la splendeur sociale un peu comique de la duchesse ; la mélancolie insignifiante des yeux d'Odette ; la vulgarité non rachetée de Mme Verdurin ; la jeune fille dominatrice de Gilberte, tour à tour franche et secrète, séduisante et repoussante ; le sourire avec lequel Albertine, à la fois innocente et dévergondée, reçoit les jeunes dans sa chambre — en les décrivant, Proust ne dépasse jamais le naturel par rapport à l'expérience littéraire. Nous savons tous avec quelle vivacité dans la conversation tout homme doué d'observation et d'esprit peut nous créer l'image de quelque « personnage » féminin rencontré dans son enfance ou ses voyages. Mais que ce même homme vienne à parler avec émotion d'une femme qui l'a profondément ému, alors son cœur obscurcira son cerveau, sa langue vacillera ou s'enfuira avec lui, et il ne sera plus capable d'esquisser un portrait. . En tant qu'auditeurs, nos impressions sur son sujet seront acquises, non pas à partir de ce qu'il dit, mais indépendamment de ce que nous percevons qu'il ressent, ce qui pourrait bien être en conflit direct avec ses paroles. Dans la vie, c'est-à-dire que plus un personnage est important pour nous, plus nous sommes rejetés en arrière pour notre connaissance ultime des émotions suscitées en nous par ce personnage. Dans la fiction, c'est généralement l'inverse. Ce sont ses personnages centraux que le romancier prétend connaître le mieux. Proust, cependant, a reconnu cette divergence avec une clarté scientifique. Il se consacre donc, en ce qui concerne ses femmes importantes - au-delà du minimum d'observations détachées et objectives - à une présentation de l'effet qu'elles ont sur les hommes qui les aiment.

Ainsi, ses femmes nous amènent à nous interroger, à supposer et à tirer nos propres conclusions exactement comme nous le faisons dans la vie, soit lorsqu'un individu de notre sexe nous est décrit par un individu de l'autre sexe, soit lorsque nous sommes émotionnellement affectés par quelqu'un de l'autre sexe. l'autre sexe.

Car c'est important. En ce qui concerne ses personnages masculins, Proust adopte un ton différent. Ici, il se trouve capable, tout à fait en cohérence avec sa philosophie, d'affirmations bien plus positives. De diverses manières, il peut leur permettre de se révéler et de s'exposer, voire de s'exposer l'un l'autre, comme lorsque Bergotte parle de Swann marié comme d'un homme qui « doit avaler cent serpents chaque jour ». Le point de vue, l'équipement intellectuel que tous les hommes ont en commun, donnent au romancier masculin une certaine base solide lorsqu'il traite des personnages de son sexe. Le sentiment de camaraderie d'un homme envers les autres hommes est très fort. Il n'y a qu'un parallèle faible et imparfait entre femme et femme. Proust peut donc, sans aucun sacrifice de conscience, « par sa croyance » doter Swann d'une âme. Mais, aussi merveilleux et hautement caractéristique soit-il, Swann peut être mis dans la même catégorie que d'autres personnages masculins par d'autres romanciers masculins. Odette, Gilberte, Albertine, sont dans une catégorie à part. En dehors du livre de Proust, on ne les rencontre que dans la vie.

C'est dans ce traitement différentiel de ses femmes que l'on perçoit avec quelle rigueur Proust applique sa méthode artistique. Il ne cherche jamais à transcender sa propre personnalité. En lui, l'observateur, toute la création vit, se meut et a son être. Les hommes sont des créatures créées à son image. Il peut suivre fidèlement ses propres émotions et « par sa croyance » peut consciencieusement doter ses hommes d'une âme. Mais les femmes sont dans un cas différent. Il n'a aucun guide intérieur pour lui assurer qu'ils sont autre chose que les fantômes qu'ils semblent être. À proprement parler, cela ne devrait impliquer qu'une attitude négative. Mais en réalité, Proust va plus loin. Parce qu'il n'a aucune raison de croire, il tombe dans l'incrédulité. Dans sa philosophie *esse est percipi* , les âmes des femmes n'existent donc pas pour lui. Il est probable qu'il ait ici confirmé l' expérience inavouée de la plupart des hommes. Que cela soit ou non , il a certainement exprimé la vérité de sa propre expérience avec une pureté que peu, même parmi les grands écrivains, peuvent rivaliser.

Encore une chose. Il y a la mère de Proust.

Sans doute l'empressement vengeur avec lequel je la réintroduit ici pour ma conclusion est dû en partie à ce que je suis moi-même du sexe sans âme. Mais au-delà de ces sentiments, parler des femmes de ce romancier sans compter notamment sur sa mère serait inexcusable. Il le montre clairement qu'il l'adorait dans son enfance. De plus, que tout au long de sa vie, cette adoration l'a effectivement empêché d'éprouver de profondes émotions à l'égard d'autres femmes, cela devient assez clair pour le lecteur. Il semble cependant à peine que Proust en ait lui-même pleinement conscience. Il est vrai qu'il y a un passage dans la section *de Combray* où il parle de « cette paix tranquille qu'aucune maîtresse, dans la suite des années, n'a jamais pu me donner, puisqu'on en doute au moment où on y croit, et je ne pourrai jamais posséder leur cœur comme je recevais, dans son baiser, le cœur de ma mère, complet, sans scrupule ni réserve, libéré de toute responsabilité sauf envers moi-même. Mais c'est le seul endroit où il semble admettre que l' amour qu'il portait à sa mère était même comparable en nature à l'amour suscité par d'autres femmes plus tard dans sa vie. En effet, bien qu'il parle à plusieurs reprises de l'angoisse avec laquelle, dans son enfance, il aspirait au baiser de bonne nuit de sa mère, l'extase avec laquelle il l'a reçu, comme s'il s'agissait de l'Hostie en acte de communion, lui transmettant « sa véritable présence et avec elle le pouvoir de dormir » ; bien qu'il raconte comment, pour ce « frêle et précieux baiser », il s'est préparé d'avance de manière à « consacrer » toute la minute de contact ; bien qu'il redoutait de prolonger ou de répéter le baiser, de peur qu'un air de mécontentement ne traverse ces beaux traits avec la légère tache bien-aimée sous l'un des yeux ; pourtant il se décrit à cette époque comme quelqu'un « dans la vie duquel l'Amour n'était pas encore entré », comme quelqu'un dont l'émotion, l'amour défaillant et l'attendant encore, se trouvait être à la disposition de la « piété filiale ». Il n'est pas étonnant que, lorsque des « amours » temporaires survenaient, il leur ait comparé aussi inconsciemment que défavorablement cette bonne et gracieuse mère, si timide comme une épouse, si douce envers les étrangers, si parfaite socialement, si pleine de sollicitude sévère comme un parent. "elle ne s'est jamais permise d'aller jusqu'au bout de la tendresse avec moi") - et les trouvait simplement excitantes pour les sens. Il avait déjà, en ce qui concerne la femme, donné son cœur.

Mais après tout, peut-être le savait-il assez bien et se contente-t-il de le dire à sa manière. Il nous parle assez peu de sa mère, même s'il en dit probablement autant qu'il en sait. Nous restons à deviner quelles étaient ses véritables pensées et sentiments . Mais « plus jamais », dit-il, après avoir décrit une de ses visites très spéciales dans la chambre du garçon – « plus jamais de telles heures ne me seront possibles. Mais ces derniers temps, je suis de plus en plus capable de capter, si j'écoute attentivement, le bruit des sanglots... qui n'éclataient que lorsque je me trouvais seul avec maman. En fait, leur écho n'a jamais cessé.

CATHERINE CARSWELL.

IX

LE MEILLEUR DISQUE

L' un de mes sentiments chaque fois que je lis Marcel Proust est le regret qu'Henry James ne soit pas vivant pour l'apprécier, comme il l'aurait fait avec immense et émerveillement, mais à en juger par les lettres de ce grand maître de l'art d'écrire de la fiction, il ne fait aucun doute que il ne lui aurait pas donné son approbation sans réserve. Mais il l'aurait reconnu comme travaillant à son propre niveau, mais pas dans son propre rythme. Pourtant, malgré tout, Proust n'est pratiquement l'auteur que d'un seul livre, aussi grand soit-il, mais dans ce livre, il a étendu ses filets plus larges et les a enfoncés plus profondément que ne l'a fait Henry James dans la somme de tous ses romans. On se demande si une telle maîtrise a jamais été obtenue si soudainement et si complètement ; en effet, la sûreté du toucher semble un peu moins certaine dans les derniers volumes publiés que dans les précédents. Nous nous avions révélé dès le début une nouvelle manière d'écrire la fiction, ou plutôt de décrire la vie. Cela n'avait jamais été fait auparavant. Prions pour qu'il n'ait pas de disciples : on peut en prévoir l'horreur ; mais il lui faut de l'influence.

Mon propre intérêt commence avec le deuxième volume de *Swann* , bien que mon admiration commence avec la première phrase du premier ; et mon conseil aux nouveaux lecteurs serait de prendre n'importe quel volume après *Swann* — de commencer par le milieu — alors que je suis sûr qu'ils insisteront pour savoir dès le début tout ce que l'auteur a à dire sur ses personnages. Vous vous imprégnez de la vie de ces gens comme une éponge s'imprègne d'eau. Ce faisant, vous revivez votre propre vie et, si vous avez vécu à Paris et en Normandie, vous marchez sur le même terrain.

Proust n'a pas d'« histoire » à raconter. Il retrace la vie telle qu'elle a été vécue par certains personnages à une certaine époque : la société parisienne du milieu de l'affaire Dreyfus jusqu'à nos jours. De l'éclat étonnant de l'ensemble du début, deux détails se détachent actuellement : l'amour de Swann pour Odette et l'idylle entre garçons et filles sur les Champs-Élysées : ils sont au-delà des mots, car ils ne sont pas de l'art, mais une vie enregistrée avec un aperçu ou un souvenir incomparable. Il n'est pas nécessaire de comparer, mais comme *Jean Christophe est pâle* à côté de ces pages ! Ainsi, quand nous arrivons en Normandie, à la *Plage* , à l'hôtel et à la campagne avec son petit chemin de fer, et que l'enfance se fond dans l'adolescence, nous revivons ces jours et parcourons ces chemins que nous croyions irrécupérables, sauf par un souvenir indistinct. C'est un plaisir exquis que je ne m'attendais en aucun cas à éprouver.

Sortant de l'ombre de la joyeuse bande des *jeunes filles en fleurs* , avec son soupçon de perversité - il va falloir réécrire nos hymnes : « Il y a un *Freud* pour les petits enfants ! » - nous arrivons au merveilleux Guermantes , avec qui Proust a décrit ce snobisme noble – et la vie sans snobisme est comme la viande sans sel – dont les observateurs, au fil des années, apprennent à connaître qu'il est inhérent aux classes supérieures aussi bien, peut-être plus, qu'à celles des classes supérieures. les classes moyennes : un snobisme de droite, dépourvu de toute méchanceté et de tout préjugé nocif. Ces gens voient la France à travers leur histoire familiale, et leur histoire familiale, c'était la France. Ce sont des Mesdames et des Messieurs, avec tout ce que cela implique : et en les considérant, nous sommes conscients de tous les autres qui ne le sont pas. Proust, en explorant une voie, éclaire les autres. Nous passons quelques heures en leur compagnie, au cours d'un dîner et d'une soirée de réception (qui occupent quelques centaines de pages), et à la fin nous savons tout d'eux ; nous comprenons le monde qui les a créés et ce qu'ils vont faire du monde. A ces grands s'opposent ces autres snobs, les Verdurin , de la bourgeoisie « cultivée ». Jamais auparavant, dans un mémoire, un essai ou une fiction, tout cela n'a été décrit avec autant de brio.

On se demande quel genre d'homme était réellement Proust. On sait qu'il était un grand ami de Léon Daudet, deux hommes, aurait-on cru, alors que les pôles se séparaient. Nous savons qu'il dormait le jour, qu'il vivait et travaillait la nuit : nous savons qu'il était malade et neurasthénique. On sait aussi que rien ne lui était caché et qu'il possédait un pouvoir d'expression infini. C'était un être très humain, doté d'un cerveau et d'une plume d'ange enregistreur.

Parfois, pour éviter que son intelligence ne paraisse surhumaine, on tombe sur une plaisanterie ou une anecdote qui est une « châtaigne » ; ou bien il devient un peu trop complexe, ou bien sa neurasthénie montre son sabot fourchu : une ou deux fois, j'ai tendance à jeter le livre parce qu'il est trop ennuyeux, mais je m'accroche à lui et je me débats avec lui, et je sens bientôt à nouveau que j'en profite. des plus grands plaisirs de ma vie.

On rencontre toutes sortes de gens dans son travail, certains très bizarres ; mais combien étrange est la personne normale ordinaire ! On peut penser que les personnages étranges de Proust sont modernes : pourtant, tant dans l'art que dans la vie, ils sont en effet très anciens. Ce sont ceux pour qui, pour reprendre une vieille expression, la vie est un *mauvais quart d'heure* fait de complexes exquis. A côté de ces « modernes » se trouvent les gens d'autrefois, notamment la grand-mère et Françoise — non Micawber est plus précis que cette dernière.

Plus nous étudions les grands écrivains de tous les temps, et plus nous observons par nous-mêmes, plus nous réalisons que le monde ne change jamais ; on ne peut sonner les changements que sur le même matériel. Harmonie et discorde, beauté et laideur ! C'est comme un disque de gramophone. Les disques varient, les mélodies, les arrangements font leur effet individuel, mais le fond est le même. Les Masters réalisent leurs records sur une surface immuable. Celui de Marcel Proust est un disque magnifique ; peut-être le plus brillant jamais réalisé. Il suffit d'y apporter une aiguille sympathique et pointue.

Sa mort a-t-elle laissé son dossier incomplet ?

On aimerait savoir ce qu'il avait encore en tête de raconter à propos de ces personnes. On est surtout curieux de l'avenir de M. de Charlus . Qu'a-t-il fait pendant la Grande Guerre ? A-t-il ouvert une de ses maisons comme hôpital pour les soldats pas trop grièvement blessés ? Ou se contentait-il de prêter son nom à des bazars caritatifs ? Ou était-il – le plus probable de tous – galvanisé par sa haute éducation et son courage incontestable dans une vigueur au-delà de son âge, pour mener à bien sa fin en héros ? Peut-être que nous ne le saurons jamais. Est-ce que cela compte beaucoup ? Nous pouvons achever ces gens à notre guise, ou – si son livre était effectivement inachevé – les laisser tels qu'il les a laissés. Les voilà pour nous, tous vivants – et susceptibles de le rester.

RÉGINALD TURNER.

X

UNE NOTE DE PIED

MÊME qu'en Angleterre presque tous ceux qui ont lu et compris admirent les œuvres de Marcel Proust, il n'en est pas de même en France. Là, pour ne pas dépasser ma propre expérience, j'ai rencontré beaucoup d'écrivains, et de bons aussi, qui ne peuvent s'en passer. Même cet essai sur le style de Flaubert, que j'avais supposé être universellement considéré comme un chef-d'œuvre, j'ai entendu dire par un de mes amis, poète charmant et dramaturge admiré, qu'il était enfantin. Or, quand j'entends un tel, et d'autres que je respecte, dénigrer Proust, je ne m'emporte pas ; Je cherche plutôt la cause. Et je le trouve – même si cette découverte, s'ils en entendaient parler un jour, choquerait beaucoup certains de mes amis français et surprendrait peut-être quelques-uns de mes Anglais – dans la politique.

Les Français eux-mêmes semblent à peine se rendre compte à quel point leurs divisions politiques sont devenues aiguës et profondes. Pourtant, quand on pense qu'au cours des quarante dernières années, la politique a su faire de ce doux latin le scepticisme , qui nous a donné Montaigne, Bayle et Voltaire, et nous donne encore M. Anatole France, quelque chose d'aussi étroit et amer presque que le calvinisme ; quand nous entendons parler de jolis noms de lieux, comme (disons) Saint- Symphorien , transformés en (disons) Émile Combesville ; nous ne devrions pas être surpris si la littérature était même un peu éclaboussée dans ce sale combat de chiens. Parce que Marcel Proust est censé avoir choisi comme sujet de son épopée le *faubourg Saint-Germain* , on suppose qu'il l'admirait et y croyait. *L'Action française* n'a-t-elle pas été la première à saluer son génie naissant ? N'est-il pas à moitié juif et donc totalement renégat ? C'est un réactionnaire noir et un ennemi de la lumière. Ce n'est pas un homme bon, alors comment peut-il être un bon écrivain ? Nous sommes de retour dans un monde critique très familier ; Après tout, seuls les critiques anglais peuvent prouver qu'il était bon.

En fait, ce qui, je le sais, compte peu en politique ou en critique, Proust me paraît souvent trop dur envers le *faubourg* . Je n'oublierai pas facilement, et peut-être n'oublierai-je pas, l'effet dévastateur de cette petite phrase, quand, après nous avoir offert une ravissante description d'un théâtre plein à craquer de *beau monde* , après avoir expliqué en quoi ce sont là des gens formés par la formation, tradition et circonstance pour goûter aux choses de l'esprit, ajoute-t-il, en guise de réflexion après coup, « si seulement ils avaient eu de l'esprit ». Pour ma part, assis à côté d'elle à ce somptueux dîner, j'étais complètement bouleversé par l'incomparable Oriane , duchesse de Guermantes (feu Princesse des Laumes), bouleversée non seulement par sa beauté et sa séduction, et un peu peut-être par son grand nom, mais par son *bel esprit* et son intelligence. Ses observations sur Victor Hugo en particulier et sur l'art d'écrire en général me semblaient posséder cette profondeur aérienne qu'on savoure avant tout dans une conversation littéraire, jusqu'à ce que M. Proust, après avoir fait caca dans son entourage, défait elle-même la duchesse avec cette appréciation douloureusement juste : « Pour toutes ces raisons les causeries avec la duchesse ressemblaient à ces connaissances qu'on puise dans une bibliothèque de château, surannée, incomplète, incapable d'ancienne une intelligence, dépourvue de presque tout ce que nous aimons, mais nous offrant parfois quelque renseignement curieux, voire la citation d'une belle page que nous ne connaissions pas, et dont nous sommes heureux dans la suite de nous rappeler que nous devons la connaissance à une magnifique demeure seigneuriale. Nous sommes alors, pour avoir la préface de Balzac à *la Chartreuse* ou des lettres inédites de Joubert, trouvés de nous exagérer le prix de la vie que nous y avons dominé et dont nous oublions, pour cette aubaine d'un soir, la frivolité stérile."

En nommant Madame de Guermantes , je me suis donné l'occasion de remarquer un des dons les plus extraordinaires de M. Proust : sa faculté de réaliser un personnage. Sans être présentée, on reconnaîtrait l'incomparable duchesse si jamais on avait le bonheur de la rencontrer dans une soirée ; et je reconnaîtrais une de ses bonnes choses (« la dernière d'Oriane ») si elle se répétait dans le train. Quand quelqu'un cite une parole du Dr Johnson ou du duc de Wellington, nous n'avons pas besoin de vérifier par le livre ; leurs caractères nous sont si vifs, et ils parlent tellement de caractère, que leurs phrases sonnent comme des voix familières. Il en est de même de Madame de Guermantes . Combien d'auteurs ont réalisé ce miracle ? Shakespeare, bien sûr, qui a réalisé tous les miracles, peut distinguer même ses personnages mineurs. Dans un dialogue ivre entre Mme Quickly et Doll Tearsheet, vous pouvez dire, au simple phrasé, à la manière particulière dont une plaisanterie de débauche est tournée, laquelle des dames parle. Et qui d'autre peut le faire ? Pas Balzac, j'en suis sûr. Dickens, dira quelqu'un . Oui, mais seulement en nous donnant pour personnages des caricatures flagrantes. Nous connaissons tous le diable par sa queue.

Jusqu'à présent , je n'ai pas contesté l'opinion commune selon laquelle Proust est le poète du *beau monde* ; J'ai seulement cherché à montrer que s'il l'était, il ne s'ensuivrait pas qu'il soit ni snob ni réactionnaire : il ne s'ensuivrait pas qu'il s'est laissé avoir. En fait, le sujet de l'épopée de Proust est toute la vie française. comme il y a quarante ou vingt ans, sujet dont le *faubourg* n'est qu'une partie. Il nous livre un tableau en pied de la vie familiale en province et d'un cercle quasi intellectuel à Paris, des « filles du bord de mer » qui courent avec Albertine, et un *croquis* de la « société campagnarde » ; Le meilleur de tout, c'est peut-être qu'il nous offre des paysages et des natures mortes exquises . Et sûrement, à cette heure-ci, il ne devrait pas être nécessaire de rappeler aux gens, notamment aux Français, que tout sujet, pourvu que l'artiste en soit profondément possédé, vaut un autre ; que les formes et les couleurs , et leurs relations, d'un pot de fleurs ou de fruits sur une table, passionnément appréhendées, sont capables d'inspirer une œuvre d'art aussi sublime que la Madone ou la Crucifixion. Si le *faubourg* fascinait Proust par-dessus tout, c'est sans doute parce que Proust y voyait un sujet propre au toucher d'un maître psychologue. « La société », a-t-il vu, est une hiérarchie sans grades ni insignes officiels : contrairement à l'armée, avec ses colonels, majors et capitaines ; contrairement à la marine, avec ses amiraux, capitaines et commandants ; cela ressemble plutôt à une école publique ou à un petit collège. C'est un microcosme dans lequel les gens montent et descendent, entrent et sortent, par des pouvoirs mystérieux et insensibles ; où ils sont promus et dégradés par un souffle de mode soufflant on ne sait d'où ; dans lequel ils obéissent servilement à des lois non écrites, aussi absolues que celles des Mèdes et des Perses : des pouvoirs qu'ils ne peuvent appréhender eux-mêmes, mais dont certains peuvent être surpris par des sensibilités à leur manière aussi délicates et subtiles que celles qui savent quand une dame change ses *sachets* et distingue le *bouquet* de Léoville de Larose. C'est peut-être là, plus que dans son prestige social, que réside le charme du *faubourg* pour Marcel Proust.

Un mot encore : une traduction peut très bien faire l'affaire, mais nous ne pouvons pas avoir de Proust anglais. Aucun Anglais, je veux dire, écrivant en anglais, ne serait autorisé à publier en Angleterre un tableau aussi complet de la vie. C'est pourquoi, en tant que nation d'écrivains de romans et de pièces de théâtre, nous avons perdu notre place d'honneur et ne pouvons espérer la retrouver tant que nous n'aurons pas mis de l'ordre dans nos lois. Un artiste doit être possédé par son sujet ; mais le romancier anglais qui s'inspire de son sens de la vie contemporaine n'a pas le droit d'exprimer ce qui le possède. Fielding, Jane Austen, Thackeray, Dickens, Meredith, James et Hardy, romanciers anglais qui ont pris la vie contemporaine pour leur province, avaient tous quelque chose à dire qui aurait pu choquer ou blesser mais que l'âge n'interdisait pas. Ils étaient donc aussi libres d'exprimer ce qu'il y avait de meilleur en eux que Balzac, Zola ou Proust. Mais aujourd'hui, nos esprits les plus subtils et les plus actifs, affectés peut-être, consciemment ou inconsciemment, par les découvertes psychologiques modernes, s'intéressent, dans la mesure où ils s'intéressent à la vie, à certains aspects de celle-ci, à certaines relations dont ils ne peut pas traiter librement. Leur situation est aussi douloureuse et absurde que l'aurait été celle des hommes de science qui, vers la fin du siècle dernier, auraient dû être autorisés à ne pas utiliser la contribution de Darwin à la biologie. L'écart entre les esprits de premier et de troisième ordre s'est creusé de manière alarmante ces derniers temps. Proust évolue dans un monde inconnu presque des bidonvilles intellectuels, ou de ces classes moyennes intellectuelles inférieures dont sont issus un trop grand nombre de nos magistrats, juges et législateurs. Ceux-ci sont à la traîne et imposent leur veto au traitement sincère des mœurs anglaises par un artiste anglais de premier ordre. Et peut-être que le meilleur hommage que les admirateurs anglais de Proust pourraient rendre à sa mémoire serait de militer pour l'abrogation de ces lois absurdes et barbares qui rendent impossible une *Recherche du Temps Perdu anglaise.*

CLIVE BELL.

XI

LE SORT DE PROUST

L' anneau magique que Marcel Proust dessinait presque littéralement autour de ses lecteurs — puisque c'est dans le cercle du « *temps perdu* » qui deviendra « *le temps retrouvé* » qu'il nous fixe et lui-même — semblait au début de l'incantation trahir une rupture par laquelle nous pourrions échapper, si nous le souhaitions, à sa contrainte. Car, fascinés comme nous l'avions été par *Swann* , il y eut un sensible relâchement du charme avec les *Jeunes Filles* . Pas dans les premières pages, où l'atmosphère que nous avions appris à respirer avec ravissement était encore puissante avec sa magie enivrante ; mais lorsque nous arrivâmes à Balbec et que le groupe des filles du bord de mer commença à se montrer comme les maîtres de la scène, il n'y en eut guère une d'entre nous qui n'avouât sa déception. *La petite bande* , plus actuelle et, en apparence, plus séduisante que *la petite phrase* de la sonate de Vinteuil , ne parvenait pourtant absolument pas à charmer les sens ou l'imagination comme l'avait charmé l'énigmatique petit groupe de notes. Nous avons entendu et répondu au cri : « Ces clapets sont tellement ennuyeux ! » - et à mesure qu'Albertine devenait de plus en plus significative, *nous* sommes devenus plus sceptiques et nous nous sommes dit que nous pouvions sortir du ring à tout moment. . Mais d'une manière ou d'une autre, ce moment d'émancipation n'est jamais venu. Malgré le caractère aveuglant de l'édition en un seul volume – imprimé qui a dû nuire de façon permanente à notre vue collective – il y avait toujours une raison pour laquelle nous ne pouvions pas nous séparer. Et finalement, nous avons réalisé que nous avions tort, et que le sortilège n'était que devenu plus absolu, dans les deux nuances de sens de ce mot. Car maintenant que certains des appâts les plus normaux pour susciter l'intérêt étaient mis de côté, nous pouvions percevoir qu'il s'agissait là de la sorcellerie à l'état pur – la chose elle-même, dépouillée de toute apparence. Or, nous ne pouvions pas aussi facilement, ou pas du tout, « dire pourquoi » lorsque les profanes nous demandaient ce qu'était la magie – pourquoi, en lisant Proust, nous étions si intéressés. Nous n'étions *pas* tellement intéressés; nous pouvions à peine dire, ou même penser, que nous étions « intéressés » plus.

Le miracle s'était produit. Nous étions envoûtés, pour de bon, au sein de l'anneau magique. Nous avions oublié ce que nous voulions dire lorsque, dans le monde extérieur, nous disions « ennuyeux » ; car il y avait ici beaucoup de choses non seulement ennuyeuses mais positivement soporifiques, et pourtant nos yeux étaient rivés sur la page funeste, et toute interruption semblait un défi au pouvoir occulte qui nous tenait. Quelque chose était risqué, cela valait infiniment la peine de notre part, si nous ne parvenions pas à la soumission requise... C'était parce que nous pouvions maintenant ressentir plus profondément l'étendue de ce que le sorcier avait l'intention de faire de nous. Nous ne devions pas rester passivement à l'intérieur du cercle. Nous devions, avec lui, le parcourir mystiquement, tandis que le temps revenait en arrière pour aller chercher l'Âge d'Or. *Le temps passé* se transmuerait, insensiblement, en *le temps retrouvé* ; et notre aide était nécessaire au plein succès du nécromancien. Avec cette divination flatteuse commença une nouvelle excitation, différente en action de l'ancienne ; car bientôt, au lieu de nous précipiter sur le dernier Marcel Proust directement nous l'avions acheté, nous l'achetâmes bel et bien, mais relisons d'abord les volumes précédents. Voici l'anneau très magique lui-même, dessiné autour de notre chauffeuse ! Le dernier Proust était à portée de main, témoignage mince ou substantiel du pouvoir encore non dépensé ; mais de peur que nous n'ayons manqué une seule lettre du charme, nous l'avons épelée dévotement une fois de plus ; et, dans l'orthographe, combien d'indications subtilement habiles à la fois pour nous avertir et nous échapper jusqu'au moment de la réflexion ou de la relecture ! Et en conséquence, nous percevions maintenant un « motif sur le tapis » si complexe et si exquis qu'il pourrait faire du nouveau volume quelque chose de plus excitant à anticiper que ce que nous avions rêvé.

C'est la preuve, pour moi, du génie (comme on pourrait le penser, incontestable, mais contesté par quelques-uns), de Marcel Proust. Le livre *de Swann* contient sans doute la plus grande part d'intérêt, ce genre d'intérêt plus simple et plus franc que d'autres livres peuvent nous donner à peine moins. Mais dans les volumes ultérieurs, à mesure qu'ils « grandissent » sur nous, il y a bien plus (si tant est qu'il y en ait moins) que cela ; et c'est grâce à cela que nous parvenons enfin à percevoir clairement le dessein de Proust et sa maîtrise. Car dans ces volumes moins immédiatement attrayants, nous sommes conscients d'un sentiment toujours croissant de la signification si profondément imprégnée de l'ensemble de l'œuvre. Il était alors tellement absorbé par son interprétation du microcosme qu'il considérait comme un symbole suffisant de l'ironie, de l'absurdité et de l'alternance incessante, de « l'intermittence » et du travail de la conscience de l'homme, que nous sommes sensibles, à mesure qu'il avance, de pouvoirs plus transcendants que le plus haut des simples accomplissements de l'écrivain - aussi prodigieux que cela puisse être chez Proust, qui pouvait « écrire » tout ce qu'il voulait, et a choisi d'écrire tant de choses, à partir d'une satire qui flétrit dans sa subtilité souriante. (si sourd qu'il se moque de l'oreille pressée !), aux morceaux de fleurs lyriques comme la haie d'aubépines paradisiaque de *Swann* , et aux commentaires sans égal sur les bâtiments, les tableaux, les modes vestimentaires et de manières (qui oubliera les monocles du grand soir -fête chez Mme de Saint- Euverte ?), les livres, le drame, même les photographies ! Dans les grandes gloires élégiaques de la mort de Bergotte (non encore publiée sous forme de livre) et de cette *grand-mère* qui est pour ainsi dire le *motif* de la composition symphonique de la personnalité du personnage central anonyme, Proust a fait retentir des accords qui restaient jusque-là hors de portée de l'audition de ses lecteurs, mais se sont ensuite révélés à des sens qui ne les perdront pas tant qu'ils survivront.

Mais au-dessus de toute cette virtuosité règne un don plus puissant : le don maître de la perspicacité. Proust, pourrait-on dire, « sait tout », au sens restreint du terme. Aucune courbe, aucune torsion de la pensée moderne ne lui échappe ; Pourtant, comme me l'écrit un lecteur, « il n'y a pas de psychologie morte » – aucun cas étendu sur un lit de Procuste, avec tout ce qui ne rentre pas confortablement et inconfortablement coupé. Contrairement à la nature, il est très attentif à la vie de célibataire. Si jamais nous avions remis cela en question – et nous l'avions très peu remis en question – le portrait de Charlus nous a répondu : ce chef-d'œuvre de l'œil et de l'esprit intrépides qui suivent. Proust nous entraîne avec lui dans ce voyage des puissances visuelles et mentales ; nous ne sommes pas plus involontairement attirés qu'il ne l'a été dans un état d'affection et d'appréciation étonnés pour le vieil « inverti » maudlin, autoritaire, ridicule, mais constamment pathétique ou superbe. Nous sommes personnellement offensés par les insolences de ses favoris ; les larmes de ses yeux impies peuvent presque mouiller les nôtres... et pourtant, avec la main du maître sur nos épaules, nous avons traversé toutes les phases des intimités dégradantes, vu et entendu les éclats tragi-comiques du prince. victime, se souvenant de temps en temps de son « rang » et cherchant à rétablir la vraie relation entre lui et ceux qu'il honore selon lui par sa simple parole, mais qui sont pourtant ses maîtres dédaigneux par sa dépravation impuissante.

S'il n'y avait rien d'autre que Charlus dans les livres, il faudrait donner à Proust la première place parmi les maîtres. Mais avec la plénitude qu'il y a, que devons-nous donner ? Plus qu'un maître, dirait-on, un écrivain ne peut être. Pourtant, dans l'image du cercle magique suggérée ici, il y a peut-être une autre chose qui pousse les Proustiens à diviser leur vie de lecteur entre le temps avant et le temps après la lecture de ces livres. Aucun sort d'une telle puissance n'avait encore été exercé sur nous ; car bien que nous soyons enfermés dans l'anneau, nous nous déplaçons également à l'intérieur de lui - le monde tourne, pour nous, comme dans un cristal tenu sous notre regard par celui qui, se déplaçant avec nous, révélera le secret caché non seulement là mais dans notre propre sens obscur, quand à la fin *le temps perdu* sera devenu *le temps retrouvé* .

ETHEL COLBURN MAYNE.

XII

UNE NOUVELLE PSYCHOMÉTRIE [3]

À en juger par les journaux, il y a eu ces derniers jours d'énormes « crises » dans les affaires publiques : le triomphe du fascisme en Italie, la Conférence de Lausanne, les élections anglaises. Mais pour beaucoup d'entre nous, les grands événements sont simplement spectaculaires ; elles défilent rapidement sur l'écran, pendant que le groupe joue des morceaux de musique syncopée sans rapport avec la musique, et ne semblent pas plus réelles que toutes les autres aventures, manifestement fictives, qui sont « filmées » pendant nos heures d'inactivité. Sauf après une réflexion et une réflexion assidue sur des articles de premier plan, ils ne rentrent pas dans nos affaires et dans nos cœurs. Mais une annonce parue dans *le Times* de lundi dernier a choqué beaucoup d'entre nous avec une perplexité soudaine, absurdement indignée, comme un coup fatal : je veux dire la mort de Marcel Proust. Il est non seulement absurde, mais impie, de s'indigner des décrets du destin. Les sages de tous les âges nous ont prescrit notre comportement face à un tel événement ; et la plupart d'entre nous trouvent la prescription tout à fait inutile. Mais, à la mort d'un auteur, il y a cette consolation particulière qui ne manque jamais : son œuvre vit sans aucune incidence sur sa mort.

... Nous pouvons allumer la lampe, faire un feu clair et nous asseoir devant le livre avec le vieux frisson. Nous pensons simplement que nous devons nous contenter de ce que nous avons et que nous ne devons rien obtenir de plus de cette main. Mais avec Marcel Proust, il semble que même cette mortification nous soit épargnée. Il laisse derrière lui l'achèvement d' *A la Recherche du Temps Perdu* . C'est une super nouvelle. Les annonces de la presse de *La Nouvelle Revue Française* seront très attendues. Même un nouvel Anatole France n'est pas un événement si important.

On a dit que Proust passerait à la postérité comme l'auteur d'un seul livre. Cela n'est vrai que dans un sens littéral. Car les nombreux volumes d' *A la Recherche* qui encombrent déjà les rayons sont plusieurs « livres » en un. Il ne s'agit pas d'une « histoire », mais d'un panorama de nombreuses histoires. En effet, qui lit Proust pour « l'histoire » ? Son livre est en réalité une image du monde moderne et de l'esprit moderne, et c'est là sa fascination particulière pour nous. Il y a bien sûr des éléments « morbides » : on ne peut pas lire une page sans voir qu'elle a dû être écrite par quelqu'un qui était tout sauf un être humain normal et en bonne santé, et ce n'est pas pour rien que *le Times* [4] l'a comparé à Petronius Arbiter. Mais l'un des avantages de cette hyperesthésie est une sensibilité accrue à *tout* , la perception et la notation précise d'innombrables détails de la pensée et du sentiment qui échappent à un observateur normal.

Prenons, par exemple, le récit du célèbre auteur « Bergotte ». Proust, à peine plus qu'un enfant, mais déjà son fervent lecteur, le rencontre au déjeuner. Et d'abord, il faut que l'auteur imaginé par le garçon, un vieillard langoureux , cède la place à la réalité, beaucoup plus jeune, un petit homme au menton touffu et au nez en forme de coquille d'escargot. Vient ensuite une description élaborée de sa diction parlée, de sa prononciation, etc., et une tentative de les concilier avec les particularités de son style écrit. Notes spéciales":

Sans doute encore, pour se distinguer de la génération précédente, trop friande d'abstractions, de lieux communs lourds, lorsque Bergotte voulait parler favorablement d'un livre, de ce qu'il mettrait en valeur, de ce qu'il citerait avec approbation. , il y aurait toujours une scène qui fournirait au lecteur une image, une image qui n'aurait aucune signification rationnelle. "Ah oui!" s'écria-t-il, c'est tout à fait admirable ! Il y a une petite fille avec un châle orange. C'est excellent!" Ou encore : « Oh ! oui, il y a un passage dans lequel il y a un régiment qui marche dans la rue ; oui, c'est excellent ! Quant au style, il n'était pas tout à fait de son temps (bien qu'il restât tout à fait exclusivement de sa race, en abominant Tolstoï, Georges Eliot, Ibsen et Dostoïevski), car le mot qui lui venait toujours à la bouche lorsqu'il voulait vanter le style de tout écrivain était « doux ». « Oui, tu sais, j'aime mieux Chateaubriand dans *Atala* que dans *René* ; il me semble plus doux. Il prononça ce mot comme un médecin qui, lorsque son patient lui assure que le lait lui donnera une indigestion, répond : « Mais, vous savez, c'est très doux. » Et il est vrai qu'il y avait dans le style de Bergotte une sorte d'harmonie semblable à celle dont les anciens louaient certains de leurs orateurs dans des termes que nous avons du mal à comprendre aujourd'hui, habitués que nous sommes à nos langues modernes, dans quels effets de ce genre ne sont pas recherchés. [5]

On explique en outre comment cet homme de génie en est venu à faire la cour à ses intellectuels inférieurs en ayant un œil sur l'Académie, et comment, alors que sa propre moralité privée était mauvaise, le ton moral de ses livres était des plus élevés.

Peut-être n'est-ce que dans des vies vraiment vicieuses que le problème moral peut surgir dans toute sa force inquiétante. Et à ce problème, l'artiste trouve une solution non pas dans les termes de sa vie personnelle, mais dans les termes de ce qui est pour lui la vraie vie, une solution générale, littéraire. De même que les grands docteurs de l'Église ont souvent commencé, sans perdre leur vertu, par se familiariser avec les péchés de toute l'humanité, d'où ils ont tiré leur sainteté personnelle, de même les grands artistes, tout en étant profondément méchants, se servent souvent de leurs vices. afin d'arriver à une conception de la loi morale qui s'impose à nous tous. [6]

Le portrait n'est pas non plus encore terminé. Bergotte était au fond un homme qui n'aimait vraiment que certaines images et les composer et les peindre avec des mots. S'il avait eu à se défendre devant un tribunal, il aurait choisi malgré lui ses paroles, non pour leur effet sur le juge, mais en vue d'images que le juge n'aurait certainement jamais perçues.

C'est cette « psychométrie » extraordinairement minutieuse qui est la marque particulière de l'œuvre de Proust. Les sensations que Swann tire d'une sonate de Vinteuil , la qualité particulière des tableaux de bord de mer d'Elstir , l'effet de la lumière de l'après-midi dans l'église de Combray , les aperçus de la vie militaire à Doncières , avec son contraste entre l'aristocratie du Premier Empire et la *Ancien Régime* , c'est la première fois que de telles choses vous sont mises en mots et intimement ressenties. Ensuite, il y a les études du *grand monde* , les « salons dorés », comme Disraeli les aurait appelés, des Guermantes et des autres. Voilà une image du faubourg Saint-Germain qui est aussi vraie, assure-t-on, que celle de Balzac était fausse. [7]

J'avoue que « ma mère » et « ma grand'mère » m'ennuient. Et il y a juste un peu trop de « le petit clan ». Mais dans ce vaste banquet de la vie moderne, de la pensée et des sensations, il y a beaucoup de place pour choisir. Depuis qu'Henry Bernstein m'a mentionné pour la première fois le nom de Proust, l'année précédant la guerre, je suis revenu encore et encore pour goûter un morceau à cette fête. Proust est mort ; mais nous pouvons continuer à apprécier son travail. En ce sens, le cri de l'enfant dans *l'Oiseau Bleu de Maeterlinck* est tout à fait vrai : « Il n'y a pas de mort. »

AB WALKLEY.

XIII

PROUST ET LA CONSCIENCE MODERNE [8]

POUR LES Anglais, Marcel Proust est déjà devenu l'une des grandes figures de la littérature moderne. Beaucoup de ses lecteurs ont le sentiment que, d'une certaine manière, son œuvre marque une époque. À quelle époque il est plus difficile de dire. Est-ce une fin ou un début ? Et, encore une fois, une autre question s'insinue continuellement à mesure que nous parcourons lentement ses longs volumes. Quelle était précisément – si les réponses à de telles questions peuvent être précises – sa propre intention en tant qu'écrivain ? Non pas que cela fasse nécessairement la moindre différence quant à son importance qu'il ait réussi ou échoué, qu'il ait été cohérent ou spasmodique dans la mise en œuvre de son propre plan. Mais nous devrions au moins être plus heureux d'avoir une idée du fil à suivre. Car il arrive un moment dans la lecture d'un long roman – et *A la Recherche du Temps Perdu* est sûrement l'un des plus longs – où l'on éprouve le besoin de s'écarter, de le contempler dans son ensemble, d'en saisir le schéma, d'en comprendre le sens. la vision générale de la vie dont dépend son individualité essentielle. C'est seulement ainsi, semble-t-il, que nous pourrons vraiment nous l'approprier.

A cet égard, on peut dire à juste titre que le livre de Marcel Proust est hérissé de difficultés. Son thème évident, son intention superficielle, telle qu'on le perçoit dans les brillantes premières pages de *Du côté de chez Swann* , est la présentation par un homme adulte de ses souvenirs d'enfance. Nous sentons, bien qu'avec des réserves particulières sur lesquelles nous devons revenir, que nous sommes au seuil d'une autobiographie spirituelle ; nous devons être les témoins enchantés du déploiement et de la croissance d'une conscience étrangement sensible. Mais à peine sommes-nous sensibles aux subtilités de cette enquête et nous sommes-nous habitués à la manière essoufflée et sur la pointe des pieds de Proust de suivre les fils d'association faibles et évanescents : à peine avons-nous commencé à respirer profondément et régulièrement le riche parfum du parfum de Tante Léonie. maison de Combray , et de s'imprégner de l'atmosphère luxueuse de la vieille ville, dont les couleurs changeantes sont aussi opulentes que les lumières des fenêtres de l'église autour de laquelle elle s'accroche : à peine nous sommes-nous préparés à observer avec un intérêt absorbé le processus de croissance d'un esprit nourri dans ce sol presque enivrant, - que le fil se rompt brusquement. Nous ne nous plaignons pas pour le moment, car l'épisode *Amour de Swann* est la plus haute réalisation soutenue de Proust en tant que prosateur. Peut-être que la passion dévorante de l'amour – « Vénus toute entière à sa proie attachée » – la flamme couvante et torturante d'une passion insatisfaite qui, par la loi de sa propre nature, ne peut jamais être satisfaite, n'a jamais été aussi subtilement et aussi régulièrement anatomisée auparavant. Peut-être a-t-il été plus merveilleusement présenté, mais jamais plus merveilleusement analysé .

Il n'est pas surprenant que, dans la fascination de cette histoire intolérable et insolite, où chaque subtilité psychologique de l'auteur est proprement et magnifiquement dominée par le thème tragique, nous oubliions que ce n'est pas du tout ce que nous sommes allés voir. Le garçon dont nous avons suivi l'histoire ne pouvait pas connaître la déconvenue de Swann avant d'être un homme. Cela s'est produit en effet avant que le récit de *Du Côté de chez Swann* ne s'ouvre, avant que la cloche de la grille du jardin ne tinte et que Swann ne prenne place avec la famille sur la véranda ; mais cela ne peut avoir aucune place dans l'histoire du développement du garçon tant qu'il n'est pas assez vieux pour le comprendre. Autrement dit, l'angle de présentation a brusquement changé. Dans un récit qui s'intéresse, comme nous l'imaginons, uniquement à ce qu'un garçon savait et ressentait, et à la manière dont il le savait et le ressentait, se glisse soudain un épisode dont il aurait pu ne rien savoir du tout.

Ces deux sections du livre – composant le livre à dos jaune *Du Côté de chez Swann* dont les admirateurs de Proust durent si longtemps se contenter – étaient à la fois déroutantes et fascinantes. En outre, ils contiennent effectivement la plus belle œuvre de Proust : il ne se maintiendra plus jamais aussi longtemps à ce niveau. Mais, considérés en eux-mêmes (et il y a eu trois ou quatre années pendant lesquelles nous n'avons eu d'autre choix que de les considérer ainsi), on pourrait les amener à produire un modèle. D'un côté se trouvait la figure vague et héroïque de Swann qui se profilait à l'extrême horizon du monde des garçons, le mystérieux visiteur dont les apparitions dans la maison rendaient angoissante son coucher solitaire ; de l'autre, le Swann de la réalité, le chéri réservé, silencieux, ineffablement raffiné du *beau monde* , qui tenait les dents serrées, comme le Spartiate, pendant que le renard lui rongeait les entrailles. Le contraste, la construction du personnage de Swann, pour ainsi dire, des deux côtés à la fois, était le motif tout à fait suffisant du livre. Mais ainsi compris, c'était le livre de Swann, pas celui du garçon.

Mais les tomes suivants nous ramenèrent à l'histoire du garçon. A mesure qu'on lisait ses amours avec Albertine, son adoration pour la duchesse de Guermantes , ses aventures dans l'atmosphère raréfiée du faubourg Saint-Germain, il devenait de plus en plus évident qu'Amour *de Swann* était, malgré sa beauté et sa puissance. , seulement un intermède hors de propos, après tout. Et dans le récit du séjour du garçon à l'hôtel de Balbec , on insinuait fréquemment que la clé de l'histoire dans son ensemble se trouvait peut-être dans l'accent mis précédemment sur la manière dont l'auteur partait à la recherche du passé. Au début de *Du Côté de chez Swann,* il avait pris soin de nous livrer non seulement ses résultats mais aussi sa méthode. C'était un homme adulte, se réveillant soudainement de son sommeil, essayant de se retrouver une fois de plus dans sa chambre et dans sa place dans le monde ; et quelque chose de familier dans cette sensation étrange lui avait rappelé ses sensations dans sa chambre lorsqu'il était enfant. Mais « rappelé » est un mot tout à fait trop grossier et trop sommaire pour désigner le processus délicat dont dépendaient ses recherches ; c'est plutôt qu'une familiarité avec la sensation étrange lui murmure qu'elle recèle un secret pour lui s'il veut seulement l'explorer. Cela cache quelque chose qu'il doit savoir. C'est encore la vague familiarité du léger parfum d'une *madeleine* trempée dans le thé, que l'homme adulte mange en compagnie de sa mère, qui livre finalement l'image magnifiquement vivante de Combray et de tante Léonie . Ces sensations, ou pressentiments du passé, reviennent également au garçon. Il y a, par exemple, le beau récit de sa mystérieuse excitation à la vue de la flèche et des tours de l'église de Martinville alors qu'il rentrait chez lui dans la voiture du docteur Percepied . Il a à nouveau le sentiment de souvenirs qu'il ne peut saisir, d'un message secret et mystique qu'il ne peut s'approprier ; c'est l'occasion de sa première tentative d'écriture. [9] Ces prémonitions deviennent plus fréquentes lors de son séjour chez sa grand-mère à l' hôtel Balbec . Puis la vue soudaine d'un minuscule bouquet d'arbres aperçu alors qu'il roule avec la marquise de Villeparisis lui fait sentir qu'on lui tend des bras suppliants dans un appel muet. S'il peut deviner ce qu'ils ont à lui dire (semblent-ils dire), il touchera le secret de « la vraie vie », de la vie en effet. Et puis l'écrivain nous prévient que l'histoire de sa recherche pour s'approprier ce secret est à venir, et que cette prémonition d'une tâche à accomplir devait le hanter tout au long de sa vie.

C'est à ce moment que Marcel Proust est le plus près, peut-on le croire, de révéler au lecteur l'âme cachée de son propre livre. Il y a bien entendu place à différentes interprétations, et il est admis que, de toute façon, il était souvent distrait de son projet par le plaisir de décrire purement la comédie humaine sous l'angle qui lui était le plus familier. Nous sommes néanmoins persuadés que Proust a apporté à l'analyse exacte et intime de ses propres sensations quelque chose de plus que la conscience de soi du talent, quelque élément, disons, d'une ferveur presque religieuse . Ce moderne des modernes, ce *raffiné* des *raffinés* , avait une touche mystique dans sa composition. Ces messages cachés d'un instant, ces aperçus et intuitions de « la vraie vie » derrière un voile, étaient pour lui de la plus haute importance ; il avait une sorte de certitude immédiate de leur validité. Il l'a avoué, et nous sommes en droit de prendre au mot un homme aussi réticent.

Nous pouvons également le croire sur parole lorsqu'il reconnaît que l'effort pour pénétrer derrière le voile de ces perceptions momentanées était le principal intérêt de sa vie. La première de ces illuminations, la vision de la flèche de Martinville , avait pris forme dans un écrit qu'il nous remet. Nous soupçonnons que ce dernier l'a fait aussi, et que son expression visible est toute une série de volumes qui, après tout, portent un titre significatif : *A la Recherche du Temps Perdu* ; nous soupçonnons que la dernière page du dernier volume nous aurait amené à la première page du premier, et que le récit long et sinueux se serait finalement révélé comme l'histoire de sa propre conception. Alors, on peut l'imaginer, tous les longs récits des soirées de Guermantes et la figure extraordinaire de M. de Charlus seraient tombés à leur place dans le projet, en tant que partie des circonstances environnantes dont la pression a poussé le jeune et l'homme dans le piège. nécessité de découvrir une réalité en lui-même. Ce qu'il devait découvrir, lorsque l'exigence de s'abandonner à ses moments de vision devenait urgente et finalement irrésistible, c'était l'histoire de ce qu'il était. Proust – et au milieu de ses divagations complaisantes dans le *beau monde les plus labyrinthiques* nous en laisse un vague sentiment – était bien plus qu'un autobiographe sentimental de génie ; c'était un homme qui essayait de maintenir son âme en vie. Et c'est peut-être ainsi que nous avons une explication au fait plutôt surprenant qu'il ait commencé son travail si tard. Les deux volumes qui ont précédé *Du Côté de chez Swann* [10] ne sont certes pas négligeables, mais ils sont l'œuvre d'un dilettante. L'explication, croyons-nous, est que, malgré ses grands dons, Proust était un écrivain *malgré lui* ; il a composé à contre-courant. Nous voulons dire que si cela n'avait été que pour la satisfaction de la création littéraire, il n'aurait probablement pas écrit du tout. Ce n'est que lorsque l'écriture s'est présentée à lui comme le seul moyen disponible pour aller au fond de sa propre personnalité, comme le seul instrument par lequel son âme *fin de siècle* - l'épithète est, chez lui, une véritable définition - pouvait sonder quelque chose de solide pour vivre, qu'il a sérieusement pris la plume. C'était la lance avec laquelle il chevauchait après le Graal : « la vraie vie ».

À première vue, Proust est tout à fait différent d'un homme qui part à l'aventure désespérée. Il ne semble pas y avoir de place pour des aventures désespérées dans le faubourg Saint-Germain. Il est difficile pour certains sens de parcourir des terrains vagues dans une limousine de soixante chevaux. Néanmoins, cela peut être fait. Le signe extérieur et visible n'est pas pour la première fois différent de la grâce intérieure et spirituelle.

Ainsi, par un chemin détourné, nous revenons à notre première question. Proust marque une époque. Quel genre d'époque ? Est-ce une fin ou un début ? Et la réponse à laquelle nous sommes parvenus est celle à laquelle on aurait pu s'attendre face à un chiffre aussi manifestement considérable. Proust est à la fois une fin et un début. Peut-être plus une fin qu'un début, si l'on considère la technique et la texture de son œuvre. Dans l'art littéraire lui-même, il n'ouvre aucune voie nouvelle. Et, au sens le plus profond, il indique un besoin plus qu'il ne le satisfait. L'esprit moderne, regardant dans l'étonnant miroir que Proust lui tend, n'y verra pas la lueur de quelque chose pour vivre ; mais il verra, s'il sait regarder, une reconnaissance de cette nécessité et un désir ardent de la satisfaire. Par là même, Marcel Proust marque aussi un début. C'est la flamme de ce désir qui couve toujours dans son livre et qui éclate parfois ; c'est cela qui le fait sienne, et cela qui lui donne, au vrai sens du terme, du style.

J. MIDDLETON MURRY.

XIV

LA VOIE DE PROUST

, je suis allé chez Proust pour la première fois un soir d'hiver pluvieux, attendant dans son boudoir chaleureux qu'une idiote de femme du monde vienne me donner du thé et me présenter le nouveau romancier populaire. Mais elle n'était pas entrée, et sur une table près de moi, près de la houppette et des cigarettes, j'ai trouvé un auteur qui n'avait pas encore balayé le tableau comme il l'a fait depuis.

Un exemplaire relié de *Du Côté de chez Swann* , provenant de ce magasin accrédité que Thomas Carlyle a fondé pour la lecture de l' Intelligentzia , la Bibliothèque de Londres, laïque, terne et rébarbative, parmi les brocarts et les guirlandes des bibelots. Surpris, je l'ouvris, avec l'intention, comme on peut le faire paresseusement pendant ces intermèdes, de prendre de bonne humeur connaissance de la nature de l'étude choisie par autrui. D'un coup, je me suis laissé entraîner dans un *enchevêtrement* , un mélange d'humeurs, une congérie de complexes, d' irritabilités , tout ce qui fait un homme, Swann. Il n'y avait aucun essoufflement, aucun sentiment de précipitation, et pourtant tout allait bien. Il y a eu des évasions de bathos époustouflantes mais bien réelles, des pâturages laids évités, des difficultés artistiques aggravées : cet auteur a appuyé ses phrases dans et hors des garages comme un automobiliste de première classe....

Et tout à coup, le grondement d'une voiture terrestre retentit et mon hôtesse et l'auteur populaire entrèrent et le thé était une lassitude, pour Tante. Léonie , on a tous nos Tantes Léonie — était entrée dans mes connaissances, et la dame des Cattleya commençait à peine à faire souffrir Swann, que j'aimais déjà, à la manière de tous les hommes qui veulent vraiment quelque chose. Nous n'avons jamais mentionné le livre noir et minable que j'avais déposé, mais nous avons commencé à discuter, dans ce salon de Kensington, de Freud, tout comme on discutait de musique dans le salon de Mme. Verdurin à Paris, et à peu près dans le même style que si Mme Odette de Crécy lui avait pris la main et que Swann, aveuglé par l'amour, l'avait écoutée.

Mais moi, j'avais fait la connaissance de Proust et j'avais découvert un monde, un de ces mondes dans lesquels, grâce à un livre, nous pouvons aller vivre un moment quand bon nous semble.

Proust ! Qu'est-ce que Proust ? C'est le cri des non-initiés récalcitrants parmi nous. A ces personnes, constitutionnellement peu disposées à être instruites, on répond que Proust est une mode, une maladie, et qu'un soi-disant

Proustien est un mangeur d'opium. Mais pour ceux qui le connaissent et l'aiment, c'est un Prospero sage et rusé dont la baguette est stylée, et Combray une île enchantée : Ferdinand, pas beaucoup Miranda, mais Caliban, des marins ivres et tout.

L'Opium Trance offre en effet un parallèle. Le Dr Hochst nous dit que le subconscient rusé, en contradiction avec son environnement terrestre, est capable d'invoquer et de maintenir une attitude de stupeur bienveillante envers l'univers, le tenant pour ainsi dire à bout de bras, capable de subsister dans une abstraction tranquille de l'univers. circonstance froide et haineuse. Et on peut facilement imaginer une âme triplement désillusionnée, repoussée par l'amour, l'ambition et la source de la vie elle-même, entrant dans la voie du Maître, contente de vivre, bercée par le léger mouvement comme celui des feuilles vacillantes des bois, réchauffée par la douce lumière. qui tombe sur les murs gris des cathédrales et les routes blanches et poussiéreuses, appréciant tranquillement la démonstration sans passion et infaillible du Maître des complications et des trahisons inconscientes de leur ego par Françoise et Tante Léonie , Odette et la duchesse ; intrigué par son sens fin des valeurs sociales démontré par la pose appropriée des infériorités sociales du Verdurin *ménage* à Paris contre les ineffables aristocraties installées dans leur vieux château, voie de Guermantes - et ainsi de suite, pendant des mois ou même des années, jusqu'à ce que la stupeur, de caractère bénin, se termine enfin de la manière ordinaire, le patient mourant, toujours *en vie. plein Proust* , avec peut-être un ou deux volumes non lus, tant mieux, car il y en a ou il y en aura beaucoup.

La personne normale, en bonne santé, toujours active, toujours conforme à la vie, trouve plus qu'apaisant de s'engager dans ce flux mental paisible et effluant, un courant de pensée qui a, comme la vie, ses tourbillons, ses *transes* , mais persiste, ainsi que nous tous qui sommes d'accord avec notre destin, dans ses frontières désignées et acquérons ainsi quelque chose de la paix de la résignation dont parle Renan : « *Il n'y a rien de suave comme le renoncement de la joie, rien de doux comme l' enchantement du désenchantement.* » Car il n'y a en effet aucune joie dans toutes ces myriades de pages : comment pourrait-il y en avoir, puisque la joie est nette et éphémère et que toutes les valeurs proustiennes s'effacent et se fondent les unes dans les autres sans aucun bord nulle part ! Le point pointu et dramatique dans lequel excellent les romanciers populaires briserait le charme.

On s'abandonne à ces *longueurs envoûtantes* ; à des sensations indescriptibles qui perdurent. Lire chez Proust est pour moi comme le long verre d'un enfant à qui, peu à peu, un aîné soucieux lui ordonne de poser la tasse... un geste que ce Maître ne fera jamais. C'est un plaisir suave et sensuel, comme caresser la longue barbe ondulante d'Ogier le Danois assis, tel une pierre, dans son château enchanté. C'est une tâche patiente et monastique, comme celle de soigner avec amour et religion la Sainte Rose d'Hildesheim, qui n'a cessé de croître pendant quatre cents ans. Cela suggère un sentiment d'avenir, une promesse d'un avenir qui n'est peut-être pas si différent, comme celui que nous avons eu lorsque notre infirmière allemande nous a raconté que l'histoire de Grimm sur l'homme qui est tombé et s'est noyé, mais qui, bientôt, s'est retrouvé sous les eaux tranquilles du simple, marchant, *langweilig* , dans les prairies farcies de marguerites et de renoncules et de gros troupeaux paissant....

la Bible d'Amiens de Ruskin – exactement le genre de chose inattendu qu'il ferait – et on pourrait théoriser et laisser entendre que son appréciation érudite des beautés qui résident dans la soumission aux règles architecturales et l'acceptation des limites et des possibilités des pierres façonnées, ont contribué à former l'épine dorsale de son style. Il a la précision et l'équilibre de l'arc, soutenus par la virilité et l'intégrité du pilier, avec la *fioriture autorisée* du pinacle peu utilisée, comme on le voit dans les églises normandes disséminées tout autour de Combray et de Balbec . Et je suis sûr que son style est la baguette du magicien, sans le maniement calme et sûr duquel nous n'aurions jamais dû lui permettre de nous conduire, comme des enfants volontaires, à travers les labyrinthes, sinueux, tortueux, mais toujours planifiés et ordonnés, de son esprit - ou Chez Swann. Et si Swann, personnage distant, renfermé, à demi antipathique qu'il est, n'avait pas été si essentiellement aimable et n'avait pas, tout en nous le disant, réussi à être en même temps suggestif, nous ne nous serions pas livrés si complètement à *son* flux de l'esprit.

Proust a fait de Swann un financier, un juif, et lui a donné un nom allemand, parce que, je pense, il voulait indiquer à nos jugements subconscients une cause de la curieuse patience raciale de Swann, de son attente et de sa déférence envers le caprice des autres. Il se laisse « chevaucher » par la vie, Mme. Verdurin pour le protéger , Odette pour qu'il l'aime : de même que les arbres laissent les vents fouetter leurs branches et les briser, comme les rivières, aplaties et contrariées par les gouttes de pluie, coulent tout de même sous un ciel gris. Swann, si joliment soigné qu'il soit, apte aux salons, connaissant les ducs et honteux de le dire, est un morceau de nature, une nature que je vois toujours comme un vieillard travaillant dans les champs, avec un sac sur les épaules. , s'inclina devant les éléments. Car Swann n'agit pas ; des choses lui arrivent. Même son affection profonde et tenace est ignorée par l'objet inférieur de celle-ci. Il est le juste milieu chez l'homme, pas plus excentrique que nous ne le serions tous si nous étions riches, avec des faiblesses que nous pourrions, si nous le voulions, traduire en héroïsmes. La plupart des femmes cultivées ont dû infailliblement aimer Swann ; il est donc probablement du genre à ne trouver à son goût que les Odettes du monde.

CHASSE À LA VIOLETTE.

XV

SONATE DE M. VINTEUIL

Il n'a jamais été publié et, autant que je sache, jamais joué dans aucune de nos salles de concert. En effet, son public le plus nombreux devait être celui à la mode qui se réunissait à la *soirée musicale* donnée par la marquise de Saint-Euverte , lorsque Mme. la tête de de Cambremer remuait à son rythme comme un métronome, et la princesse des Laumes , pour montrer qu'elle écoutait, battait de temps à autre la mesure avec son éventail ; mais, pour ne pas perdre son indépendance, elle battait un rythme différent de celui des musiciens. Mais le plus souvent, on l'entendait dans un arrangement pour piano joué chez Mme. Verdurin au profit de son « petit clan », qui comprenait alors Odette de Crécy et, un temps, Charles Swann, par un pianiste que Madame avait pris sous son patronage, déclarant qu'il laissait Planté et Rubinstein « assis » ; et, plus tard, lorsqu'elle fut devenue Mme. Swann, par Odette elle-même, lorsqu'il est apparu pour la première fois au critique le plus aigu, le narrateur de *A la Recherche du Temps Perdu* .

Mais, bien sûr, le garçon, tel qu'il était alors, devait avoir entendu beaucoup plus parler de la Sonate par Swann, qui lui-même n'était pas un mauvais juge de la musique, comme de la peinture ; cependant, dans son appréciation de ce dernier art, il semble avoir tiré plus de plaisir de la découverte chez un « vieux maître » d'une ressemblance avec l'un de ses amis que des mérites esthétiques qu'elle pourrait posséder. Mais l'opinion de Swann sur la Sonate ne peut peut-être pas, pour d'autres raisons, être totalement fiable ; elle était trop étroitement liée dans son esprit à certains événements de sa vie privée. On peut pourtant accepter l' impression favorable qu'elle lui fit à une époque où il n'avait pas rencontré Mme. de Crécy . A cette occasion, il n’avait d’abord apprécié « que la qualité matérielle des sons que sécrétaient les instruments. Et cela avait été une source de plaisir intense lorsque, sous le ruban étroit de la partie de violon, délicate, inflexible, substantielle et régissant le tout, il avait soudain aperçu où elle essayait de monter dans une marée sonore fluide. , la masse de la partie de piano, multiforme, cohérente, plane et déferlante partout en mélodie comme le tumulte bleu profond de la mer, argenté et charmé en ton mineur par le clair de lune. Mais à un moment donné, sans pouvoir distinguer aucune trace nette, ni donner un nom à ce qui lui plaisait, soudain ravi, il avait essayé de recueillir, de conserver dans sa mémoire la phrase ou l'harmonie — il ne savait laquelle. — qui venait d'être joué et qui avait ouvert et élargi son âme, comme le parfum de certaines roses, répandu dans l'air humide du soir, a le pouvoir de dilater nos narines... A peine avait-il eu la délicieuse sensation que Swann avait éprouvée. s'éteignit, avant que sa mémoire ne lui fournisse une transcription immédiate, sommaire, il est vrai, et provisoire, mais sur laquelle il avait gardé les yeux fixés pendant que le jeu se poursuivait, si efficacement que, quand la même impression revenait tout à coup, ce fut n'est plus incapable. Il pouvait se représenter son étendue, sa disposition symétrique, sa notation, la force de son expression ; il avait devant lui cet objet précis qui n'était plus la musique pure, mais plutôt le design, l'architecture, la pensée, et qui permettait de rappeler la musique elle-même. Cette fois, il avait distingué assez clairement une phrase qui émergeait quelques instants des ondes sonores. Elle lui avait aussitôt offert une invitation à participer à des plaisirs intimes, dont il n'avait jamais rêvé l'existence, avant de l'entendre, et auxquels il sentait que seule cette phrase pouvait l'initier ; et il en avait été rempli d'amour, comme d'un désir nouveau et étrange.

Et même s'il semble n'avoir pas réussi à comprendre la Sonate lors de cette première écoute, cette petite phrase est restée gravée dans sa mémoire. Cela le hantait tellement qu'un an plus tard, il était assis à côté d'Odette sur Mme. Le canapé Beauvais de Verdurin (dont son hôtesse jurait qu'il n'y avait d'égal *nulle part*), et entendit une note aiguë durer deux mesures entières, il prévoyait l'approche de sa phrase bien-aimée et l'associait aussitôt à la femme à ses côtés. Il devint ainsi le symbole de sa passion, se transforma en *leit -motif wagnérien* de sa liaison avec Odette, jusqu'à ce que, alors qu'ils s'étaient inévitablement disputés , cela devienne pour lui une angoisse exquise à entendre. Une angoisse que le malheureux dut dissimuler sous le regard ironique de tous ces monocles chez Mme. de Saint- Euverte , lorsque « le violon s'était élevé jusqu'à une série de notes aiguës, sur lesquelles il s'appuyait comme s'il attendait quelque chose, attente qu'il prolongeait sans cesser de s'accrocher aux notes, dans l'exaltation avec laquelle il voyait déjà l'objet attendu s'approche, et avec un effort désespéré... pour maintenir le passage ouvert un moment de plus, afin que l'étranger puisse entrer, comme on tient une porte ouverte qui autrement se fermerait automatiquement. Et avant que Swann n'ait eu le temps de comprendre ce qui se passait, de penser : « C'est la petite phrase de la Sonate de Vinteuil . Je ne dois pas écouter ! tous ses souvenirs des jours où Odette l'aimait, qu'il avait réussi, jusqu'à ce soir, à garder invisible... s'étaient levés pour chanter avec affolement à ses oreilles, sans pitié pour sa désolation présente, les airs oubliés de bonheur."

Mais nous pouvons trouver une ample corroboration du témoignage de Swann sur l'excellence de cet ouvrage dans les commentaires de ce critique aigu déjà mentionné. Bien qu'il ait lui-même préféré rester anonyme, il sera commode, à des fins de référence, de lui trouver un nom, et le nom qui, pour une raison ou une autre, sort de ma plume est « Marcel Proust ». Eh bien, ce jeune « Proust », lorsqu'il entendit Mme. Swann joue la Sonate et fut très impressionné, même s'il eut aussi quelques difficultés à comprendre la musique au début. Il approfondit la question bien plus profondément que le dilettante Swann, et commence par se demander s'il n'est pas faux de parler d'« entendre quelque chose pour la première fois », alors qu'on n'a rien compris. Les deuxième et troisième fois sont de ce point de vue tout autant des « premières fois ». Il fait alors la découverte vitale que ce qui nous fait probablement défaut la première fois n'est pas notre intelligence mais notre mémoire. « Car notre mémoire, dit-il, comparée à la complexité des impressions auxquelles elle doit faire face pendant que nous écoutons, est infinitésimale, aussi brève que la mémoire d'un homme qui, dans son sommeil, rêve de mille choses et à la fois il les oublie... De ces impressions multiples, notre mémoire n'est pas capable de nous fournir une image immédiate. Mais ce tableau se dessine peu à peu, et, en ce qui concerne les œuvres que nous avons entendues deux ou trois fois, nous sommes comme l'écolier qui a relu plusieurs fois avant de s'endormir une leçon qu'il croyait ne pas savoir et peut la répéter. le lendemain matin... Ainsi, là où Swann et sa femme pouvaient distinguer une phrase distincte, cela dépassait aussi loin le champ de ma perception qu'un nom qu'on essaie en vain de se rappeler.... Et pas seulement ne saisit-on pas tout de suite et n'en garde-t-on pas l'impression d'œuvres vraiment grandes, mais même dans le contenu d'une telle œuvre (comme cela m'est arrivé dans le cas de la Sonate de Vinteuil) ce sont les parties les moins précieuses qu'on perçoit d'abord. [11]

Mais « Proust » a aussi emporté dès la première audition le souvenir d'une phrase ; et comme il semble que le destin de l'œuvre de M. Vinteuil ait été de se mêler aux amours de ses admirateurs, nous le trouvons à Balbec contemplant ainsi sa nouvelle amie Albertine : « J'ai saisi l'occasion, pendant qu'elle restait immobile, de regardez à nouveau et découvrez une fois pour toutes où se trouvait exactement la petite taupe. Puis, tout comme une phrase de Vinteuil qui m'avait enchanté dans la Sonate, et que mon souvenir avait laissé errer de l' *Andante* au *Finale* , jusqu'au jour où, ayant la partition entre les mains, j'ai pu la retrouver, et pour le fixer dans ma mémoire à sa place, dans le *Scherzo* , ce grain de beauté, que j'avais visualisé tantôt sur sa joue, tantôt sur son menton, viendrait se poser à jamais sur sa lèvre supérieure, juste au-dessous de son nez. [12]

Et si l'on pense encore que cette association de la musique avec le sentiment du critique a pu vicier son jugement, je ne peux que souligner la sensibilité exquise de ces passages, où la musique est amenée à la pierre de touche de la vie et de l'expérience humaine, dans son à son tour, s'élucide en termes de musique. En effet, ce « Proust » se montre d'une sensibilité surnaturelle aussi bien aux sons musicaux qu'aux bruits désorganisés , de sorte qu'il enregistre instinctivement la hauteur d'une voix ; de sorte que le mur, lorsque sa grand-mère frappe, prend aussitôt pour lui la résonance d'un tambour, et son triple coup prend automatiquement sa place dans un schéma symphonique ; de sorte que la vision de M. de Charlus faisant une conversation un peu embarrassée avec une nouvelle connaissance lui rappelle immédiatement « ces phrases interrogatives de Beethoven, indéfiniment répétées à intervalles égaux, et destinées, après une richesse de préparation surabondante, à introduire un nouveau *motif* » . , un changement de clé, ou une récapitulation » ; et de sorte que la descente soudaine du vieux réprouvé de haut imbécile à docilité suggère l'interprétation d'« une symphonie jouée sans interruption, lorsqu'un gracieux *Scherzo* d'une beauté idyllique succède aux tonnerres du premier mouvement ».

On ne peut donc que regretter que cette Sonate, que, à la lecture de ce qu'en dit « Proust », nous semble connaître aussi bien que celle de César Franck ou du « Kreutzer », et qui a profondément marqué des personnes de tempérament aussi différent que Charles Swann et Mme. Verdurin (qui ne pouvait l'entendre sans pleurer jusqu'à avoir des névralgies sur tout le visage) aurait dû subir une telle négligence de la part des concertistes, dont la seule excuse est, sans doute, de rejeter la faute sur la négligence égale des éditeurs.
.

DYNELEY HUSSEY.

XVI

LA PETITE PHRASE

Ma seule excuse pour contribuer quoi que ce soit à cette collection est que cela offre l'occasion de donner des informations. Les lecteurs voudront peut-être savoir si la Sonate à laquelle Proust fait référence dans *Du Côté de chez Swann* comme étant jouée chez Mme. La fête de de Saint- Euverte était entièrement une invention de Proust, ou si ses dithyrambes raffinés et tortueux sur le sujet étaient inspirés d'une véritable Sonate que les plus ennuyeux peuvent acheter dans une boutique parisienne.

Eh bien, la réponse à cette question hypothétique, comme toutes les vraies réponses à toutes les questions authentiques, est « Oui » et « Non ». Pour les Ayes, il y a la déclaration de Proust dans une lettre à un ami imprimée dans le numéro commémoratif de la *Nouvelle Revue Française* : [13] « La petite phrase de cette Sonate… est… la phrase charmante mais enfin médiocre d 'une sonate pour piano et violon de Saint-Saëns.... »

Explosion! Ainsi nos idoles sont brisées ! Même le « mais enfin médiocre » dépréciatif de Proust ne prépare pas à ce choc le robuste connaisseur anglais qui n'aime que le meilleur. Proust dit à son ami qu'il peut lui indiquer le passage précis, qui est répété plusieurs fois ; et ajoute — astucieusement — que son exécution fut un triomphe pour Jacques Thibaud .

Il poursuit que, le même soir, lorsque le piano et le violon sont décrits comme murmurant comme deux oiseaux dans un dialogue, il pensait à une sonate de Franck (surtout interprétée par Enesco). Les trémolos de la petite phrase de Saint-Saëns jouée chez les Verdurin étaient, dit-il, suggérés par le Prélude à *Lohengrin* — il ne nous dit pas, cette fois, dans quelle interprétation, mais qu'en réalité ils furent rappelés ce soir-là par un bagatelle de Schubert. Le soir même, nous raconte-t-il, comme dernière information, fut joué « un morceau ravissant » pour piano par Fauré .

Que devons-nous penser de tout cela ? Eh bien, je suis frappé par le caractère composite du matériau de Proust. Elle montre que son art consiste dans sa capacité à faire une synthèse exquise de sa sensibilité en reprécipitant ses sensations sous une forme plus généralisée , plus abstraite que celle sous laquelle elles lui sont venues.

WJ TOURNEUR.

XVII

PROUST COMME CRÉATEUR [14]

. . . . . .

Quant à Marcel Proust, *créateur*, je ne pense pas qu'on ait beaucoup écrit sur lui en anglais, et ce que j'en ai vu était plutôt superficiel. Je l'ai vu loué pour ses « merveilleuses » images de la vie parisienne et provinciale. Mais cela a été admirablement fait auparavant, pour nous, soit par amour, soit par haine, soit par simple ironie. Un critique va jusqu'à dire que le grand art de Proust atteint l'universel et qu'en décrivant son propre passé, il nous reproduit l'expérience générale de l'humanité. Mais j'en doute. Je l'admire plutôt pour avoir révélé un passé comme personne d'autre, pour avoir élargi, pour ainsi dire, l'expérience générale de l'humanité en y apportant quelque chose qui n'a jamais été enregistré auparavant. Mais tout cela n'a pas grande importance. L'important est que, alors qu'avant nous avions une analyse alliée à l'art créateur, grande en conception poétique, en observation ou en style, il s'agit d'un art créateur absolument basé sur l'analyse. C'est vraiment plus que cela. C'est un écrivain qui a poussé l'analyse jusqu'au point où elle devient créatrice. Toute cette foule de personnages dans leur infinie variété à travers toutes les gradations de l'échelle sociale nous est rendue visible par la seule force de l'analyse. Je ne dis pas que Proust n'a aucun don de description ou de caractérisation ; mais, pour prendre un exemple à chaque extrémité de l'échelle : Françoise, la servante dévouée, et le baron de Charlus , portrait consommé, combien de lignes descriptives ont-ils retenu dans tout le corps de cet immense ouvrage ? Peut-être, en comptant les lignes, une demi-page chacune. Et pourtant, aucune personne intelligente ne peut douter un instant de leur existence plastique et colorée . On pourrait croire que cette méthode (et Proust n'en a pas d'autre, car sa méthode est l'expression de son tempérament) peut être poussée trop loin, mais en réalité elle n'est jamais lassante. Il y a peut-être ici et là parmi ces milliers de pages un paragraphe qu'on pourrait trouver trop subtil, un peu d'analyse poussée jusqu'à disparaître dans le néant. Mais ce sont très peu de cas, et tous des cas mineurs. Le plaisir intellectuel ne faiblit jamais, car on a le sentiment que le dernier mot est dit sur un sujet très étudié, très écrit et d'intérêt humain – le dernier mot de son temps. Ceux qui ont trouvé la beauté dans l'œuvre de Proust ont parfaitement raison. C'est là. Ce qui étonne, c'est son caractère inexplicable. Dans cette prose si pleine de vie, il n'y a aucune rêverie, aucune émotion, aucune ironie marquée, aucune chaleur de conviction, pas même un rythme marqué pour charmer notre oreille. Il fait appel à notre sens de l'émerveillement et mérite notre hommage par sa grandeur voilée. Je ne pense pas qu'il y ait jamais eu dans l'ensemble de la littérature un tel exemple du pouvoir de l'analyse, et je peux affirmer en toute sécurité qu'il n'y en aura jamais d'autre.

. . . . . .

JOSEPH CONRAD.

XVIII

UN MOMENT À RESERVER

J'ai enfin trouvé le temps, ou plutôt, car cela exprime mieux nos relations, le temps a eu la bonté de *me trouver enfin* — à l'égard de *Swann* . Ce fut une expérience nouvelle et satisfaisante. Sa réalité est extraordinaire – du moins dans la partie principale du livre : j'espère, pour le bien de la haute bourgeoisie française de son époque, qu'elle n'est pas ordinaire dans des choses comme la scène du grand dîner du vol. ii. [15]

Quelqu'un a-t-il dit qu'il partageait à *la fois* De Quincey et Stendhal ? Il me le fait, et je suis foutu si jamais je m'attendais à voir un tel mélange ! Voyez-vous, il y a chez lui, d'une part, une double mesure de la puissance analytique et introspective dont font tant valoir les admirateurs de Beyle ; avec ce qu'ils admirent aussi, une absence totale d'embellissement pour l'embellissement. Pourtant, il peut être joli dans le meilleur sens du terme, alors que Beyle ne le peut jamais, ni dans le meilleur ni dans un autre. Et puis, au moins, je trouve chez lui beaucoup moins le personnage-type qui, bien que certainement soulagé par l'individualité dans la *Chartreuse de Parme* et dans d'autres livres (notamment *Lamiel*), est toujours plus ou moins là. Mais ce qui est le plus étrange et le plus attrayant pour moi, c'est la manière dont il élimine complètement le sentiment d'aridité – de préparation de musée – que je retrouve chez Stendhal. Et c'est ici que la suggestion de De Quincey apparaît de façon si inattendue. Car Proust réalise ce miracle par une rechute constante – et parfois une longue auto-restriction – à une sorte d'élément onirique. Il ne s'agit bien sûr pas du genre plus vague et plus mystique que l'on trouve dans De Quincey, ni celui de *Our Ladies of Sorrow* ou *de Savannah-la-Mar* , mais celui des meilleures parties de *The English Mail Coach* . En fait, il est parfois plus landorien que De Quinceyish dans son onirisme. Mais quoi qu'il en soit, l'aspect onirique est là, pour moi, comme chez peu d'autres Français, eux-mêmes presque toujours poètes. Or, le pire du réaliste habituel est que, étant plus aveugle que n'importe quel autre païen dans sa cécité, il essaie d'exorciser le rêve, mais parfois pas le cauchemar, de la vie. Je ne me souviens nulle part ailleurs d'un mélange tel que celui de Proust.

GEORGE SAINTSBURY.

XIX

UN MONDE VRAI DANS LA FICTION

Ma présence parmi ceux qui rendent hommage à Marcel Proust serait une impertinence si cette demande ne s'était pas poursuivie après que j'aie avoué la pauvreté de mes connaissances. En l'état, je peux être fondé à prendre le grand plaisir que j'ai à témoigner d'une admiration sincère, fondée sur une expérience si minime. Je dois lire beaucoup pour gagner mon pain, et la lecture que je peux faire pour le plaisir est limitée par la déficience de la vue ; Les livres de M. Proust sont longs et dans une langue que je lis moins facilement que la mienne. C'est ainsi que je n'ai lu jusqu'à présent que les deux volumes d'une traduction d'une belle lucidité, merveilleusement lucide quand on considère la délicatesse et la subtilité des pensées traduites. Je ne dirai pas qu'on peut goûter un vin sans en boire une bouteille : l'analogie, comme la plupart des analogies, serait fausse ; Je ne doute pas qu'une étude plus large produirait des opinions plus valables. Pourtant, ma légère étude a produit des opinions qui, j'en suis convaincu, une étude plus approfondie ne fera que confirmer, et c'est un plaisir de les enregistrer...

Nous avons tous notre point de vue sur ce qui, pour nous, distingue la grande fiction de celle qui ne l'est pas. Le mien a toujours été que cela me fait vivre dans un monde réel de personnes visibles, audibles et intelligibles – un monde dans lequel, aussi nouveau qu'il puisse être au départ, je suis chez moi et capable, avec certitude, d'exercer mon les pouvoirs de compréhension au maximum ; ce dernier point est important, car bien sûr le superficiel peut être superficiellement vivant. Il ne fait aucun doute que le critère est objectivement injuste, car la réaction de l'imagination d'un écrivain sur celle d'un lecteur est affectée, bien que non conditionnée, selon que la sympathie entre les deux est plus ou moins grande ; mais pour mon propre usage, ce test est le plus rentable. Tolstoï l'a fait pour moi, Sterne aussi, Miss Austen aussi, Thackeray aussi, pas beaucoup d'autres, et certains n'ont pas non plus été acclamés presque universellement. Eh bien, M. Proust m'a rendu ce service le plus considérable, dans ces deux volumes que j'ai lus en traduction, et j'en suis reconnaissant. Je connais le grand-père, la grand-mère, la mère et la tante invalide de son héros, et je les connais bien, et mon entendement a joué avec entrain et jusqu'à la limite de sa puissance sur la richesse de caractère qui m'a été révélée. M. Swann est de mes intimes, et je crois avoir une parfaite compréhension de son Odette. C'est la première chose pour laquelle je suis reconnaissant. La seconde est la pure joie intellectuelle avec laquelle, à maintes reprises, je suis tombé sur une réalisation de divination dans les subtilités de l'émotion humaine qui coupait le souffle par sa vérité impérieuse. La jalousie d'un homme pour une femme a peut-être été exprimée avec plus de grandeur, mais toutes les subtilités de son parcours tortueux et angoissant ont -elles jamais été aussi complètement exposées que dans le cas de M. Swann ? Ou les sentiments d'un garçon sensible et imaginatif dans ses premières affections ?... Pour ces deux choses j'ai une sincère gratitude que je me propose d'augmenter. Mais la misère de mes qualifications actuelles doit mettre fin à mon expression maintenant.

RUE GS.

XX

LA NAISSANCE D'UN CLASSIQUE

Les images que nous nous faisons, pour notre propre satisfaction, de nos actions sont généralement aussi éloignées que les *clichés* d'une conversation polie des processus psychologiques qu'elles prétendent refléter. Il est commode et très souvent nécessaire de limiter la conscience d'une action afin qu'elle reçoive un contour distinct et reconnaissable . Avec une certaine ressemblance avec l'œuvre des impressionnistes, qui révélaient la fabrique d'un monde travaillé d'images conceptuelles, Proust brise les moules dans lesquels se coulent généralement nos sentiments. Il est curieux de constater les tromperies sensuelles qui agitent l'esprit non moins profondément que ne l'aurait fait la réalité, et de séparer le stratagème social (que ce soit celui des Guermantes ou des domestiques de sa propre maison) de l'intention dont il était issu. la paraphrase. Il n'est dissociatif que dans cette mesure, nécessaire puisque la dissimulation est la nature première de l'esprit. Mais il n'est pas du tout destructeur ; car une action n'est jamais vraiment une entité distincte, coupée par des parois cristallines de la liqueur mère de nos vies. Dans le style qu'il a créé, cette illusion scintillante se dissout à nouveau dans la vie mentale saturée dont elle est une composante inextricable.

Je ne sais rien, dit-il, qui puisse, « autant que le baiser, faire surgir de ce que nous croyons une chose à aspect défini, les cent autres choses qu'elle est tout aussi bien, puisque chacune est relative à une perspective non moins. légitime.... Dans ce court trajet de mes lèvres vers sa joue, c'est dix Albertines que je vis. » Non seulement le grossissement du grain de la peau constaté dans cette proximité inhabituelle (qui serait comparativement insignifiant), mais la perspective psychologique ouverte par ce changement dans leurs relations ; si Albertine a refusé son baiser à Balbec , elle ne peut plus l'empêcher de rassembler dans une seule étreinte la rose du passé et du présent. Car Albertine n'est pas seulement Albertine « simple image dans le décor de la vie » quand plus tard elle le rend visite à Paris ; son image traîne les sensations innombrables de *A l'Ombre des Jeunes Filles en Fleurs* ; et bien qu'il ne l'aime plus, les apparitions qu'elle eut pour lui à Balbec , découpée sur la mer ou assise le dos à la falaise, ramènent avec elles l'influence de cet amour. Nous sommes bien loin de ce que nous croyions être une chose ayant une apparence définie, une jeune fille, et peut-être cet exemple peut-il indiquer vaguement la complexité de l'art de Proust. Souhaitant rendre compte de l'aspect changeant des choses, ou peut-être de l'empilement composite d'aspects qui représente, à tout moment, notre réalisation d'une chose - et comme la description objective réintroduit le *cliché pictural* jusqu'ici évité - il utilise le vaste tissu de la mémoire, tourné, comme de la soie irisée, avec de nombreuses ambiances indéfinissables. Préciser plus précisément sa méthode ne serait pas facile à l'heure actuelle, et il n'existe aucune jouissance égale au simple fait de suivre cette merveilleuse toile dans un avenir encore obscur, où la moitié est, à notre grand regret et à notre plus grand plaisir, encore cachée. À ces derniers, parce qu'il faut être patient contre notre gré ; au premier, parce qu'il y a encore tant de plaisir certain en réserve, et l'excitation de voir le dessin achevé, dont la symétrie jusqu'ici n'est ressentie que, comme celle d'une statue dans son linceul avant sa résurrection, coïncider ou contredire nos anticipations. . Il existe un état délicieux (qui doit en grande partie son charme à notre connaissance de sa fugacité) dans lequel un livre, après s'être débarrassé de la première fièvre de la nouveauté, est en état d'être savouré avec le plus d'art et de longue durée. Les traits classiques ne nous seront jamais plus chers que tant qu'ils sont encore empreints de contemporanéité. Les classiques sont au moins lisibles dans la mesure où ils sont modernes, mais le moderne, une fois fermement sur son piédestal, n'est pas du tout accessible. C'est donc un grand et merveilleux privilège d'être éveillé à cette aube exquise, au moment où cette floraison aux multiples feuilles est suspendue dans toute sa fraîcheur qui demain...

Demain nous trouverons tombé ou pas du tout :

tombé, si le pire devait arriver (comme nous l'avons toujours entendu dire), à une grandeur dans sa décadence et sa négligence plus émouvante que le brillant petit subalterne de l'immortalité. Il est impossible d'imaginer comment ce fragment titanesque peut être transporté d'âge en âge ; il est peu probable que l'avenir ait beaucoup de temps à consacrer à la production d'ustensiles domestiques si mal fabriqués qu'ils doivent être continuellement remplacés. *A la Recherche du Temps Perdu* n'est pas une de ces choses qui se remplacent, comme le roman du moment, mais le présent ne peut pas décider exactement quelle partie de celui-ci a le plus de chances d'être sauvée. Il y en aura toujours pour suivre toute l'ampleur du geste du Maître, qui évoque les heures de l'adolescence fleuries à l'ombre de l'enfance et reconstruit les villes tourmentées de la plaine ; tantôt penché pour disséquer un snob, tantôt s'élevant pour caresser un horizon, mais jamais théâtral et jamais grandiose. Peut-être, sous le rayon de cette lumière la plus intime, tirons-nous la plus grande partie de notre plaisir de la reconnaissance de nos propres mouvements ; les héritiers de notre sensibilité y trouveront l'origine de bien des impulsions qu'ils acceptent comme faisant partie de la nature humaine.

EDGELL RICKWORD.

XXI

UN CASUISTE DANS LES ÂMES

P ATER, qui désirait trouver partout des forces produisant des sensations agréables, « chacune d'une espèce plus ou moins particulière et unique », dit : « Peu d'artistes, pas même Goethe ni Byron, travaillent clairement, se débarrassant de tous débris *et* nous laissant seulement ce que la chaleur de leur imagination a entièrement fondu et transformé. La chaleur de l'imagination de Proust a-t-elle fusionné et transformé sa matière comme Balzac et Rodin ont transformé et fusionné la leur ? Ses personnages sont-ils des créations ? A-t-il l'étrange sens magique de cette vie dans les choses naturelles, qui est incommunicable ? Je crois que non; il y a trop *de débris* dans sa prose dont il ne s'est pas débarrassé.

Les livres de Proust sont l'autobiographie d'une âme sensible, pour qui le monde visible existe ; seulement, il ne pourra jamais dire avec Gautier : « Je suis un homme pour qui le monde visible existe » ; car dans cette phrase célèbre , il exprime sa vision de la vie et sa vision de son propre œuvre : Gautier, qui découvre littéralement la prose descriptive, de préférence une prose de peintre ; qui, en prose comme en vers, est le poète de la beauté physique, de la beauté extérieure des choses. Proust, avec son adoration de la beauté, donne un sens égal de la beauté des choses extérieures et de la beauté physique ; avec d'infinies précautions, avec d'infinies précautions, il laisse entrevoir des secrets occultes qui nous sont inconnus, de nos instincts inévitables et, parfois, de ces extases glacées que révèle Laforgue dans *Moralités légendaires* . Seulement, n'ayant pas lu de livres de magie médiévale, il ne peut nous assurer que les étreintes du diable sont d'une froideur si intense qu'on peut les appeler, par une figure de style permise, ardentes.

Dans sa tentative fébrile de s'expliquer à lui-même, son héros imaginaire me rappelle Rousseau, qui, après avoir rencontré Grimm et vexé Voltaire, était destiné par son caractère fébrile et véhément à apprendre dans la souffrance ce qu'il n'a certainement pas enseigné dans le chant ; qui, avide de malentendus, fut contraint par les épines tenaces de sa jalousie d'écrire ses *Confessions* , dans lesquelles il se décharge de l'exaspération de tous ces yeux fixés sur lui, poussés, malgré lui, à s'efforcer de s'expliquer auprès de lui. les autres, un lâche devant sa propre conscience. Il n'y a aucune lâcheté dans la conscience du héros de Proust ; sa totale sincérité sans vergogne devant la vérité nue des choses lui permet « avec une liberté d'esprit » de rivaliser, vers la fin du dernier tome, dans son dévoilement de M. de Charlus , avec le franc-parler de Restif de la Bretonne dans *Monsieur Nicolas* .

Certaines pages de *Sodome* pourraient avoir été inspirées par Pétrone. La véritable fièvre et la langueur du sang : cela compte beaucoup dans la prose de Pétrone et est à l'origine de certaines de ses fascinations. Il s'intéresse passionnément aux gens, mais uniquement à ceux qui ne sont pas de la même nature que lui : sa curiosité avide étant impersonnelle. Une partie de la curiosité de Proust n'est pas tant vive qu'impersonnelle. Pétrone — comme l'écrivain auquel je fais référence — est si spécifiquement latin qu'il n'éprouve aucune réticence à parler de ce qu'il ressent, aucune de ces réticences inconscientes à ressentir que les races plus éloignées de la civilisation ont inventées dans leurs rapports avec la nature. C'est une des choses que l'on veut dire lorsqu'on dit que la prose de Pétrone est immorale. Celui de Proust aussi. Pourtant, dans la prose de ces écrivains, tous deux touchés par l'esprit de perversité, la beauté la plus rare vient d'une exaltation de la nature en quelque chose de pas tout à fait naturel, une perversité de la beauté, à la fois venimeuse et curieuse.

Proust a un peu du mysticisme corrompu de Huysmans, mais pas aussi périlleux que le sien ; il n'a pas non plus cette psychologie qui peut être poussée si loin dans les ténèbres de l'âme que les murs enflammés du monde eux-mêmes s'effacent ; il ne raconte pas les aventures de la Vanity Fair de ce monde : il s'intéresse à la révélation du moi subconscient ; les aveux de son héros ne sont pas l'exaltation de l'âme. Il ne s'intéresse pas tant aux aventures qu'à une subtilité presque cloîtrale à l'égard des passions obscures qui s'expriment, jamais de logique réelle. Malgré toute sa curiosité, cette curiosité ne le pousse jamais dans le sens de l'appréhension de l'âme des choses spirituelles. Il lui arrive, comme Mallarmé , de déformer ingénieusement la langue dans laquelle il écrit ; et, comme chez la plupart de ces décadents modernes, la perversité de la forme et la perversité des manières nous déconcertent dans ses pages les plus déroutantes.

Je découvre à ma grande surprise qu'un critique français, Carcassonne, compare Proust à Balzac. En tant qu'observateur de la société, oui ; en tant que créateur, non. « Jamais, écrit-il, depuis Stendhal et Balzac aucun romancier n'a mis autant de réalité dans un roman. Stendhal, Balzac : J'écris sans hésiter ces grands noms à côté de celui de Marcel Proust. C'est le plus bel hommage que je puisse rendre à la puissance et à l'originalité de son talent. Du vivant de Balzac, il y a eu Benjamin Constant, dont *Adolphe* a sa place après *Manon Lescaut* , étude purement objective, d'une simplicité incomparable, qui vient au milieu de ces analystes d'âmes difficiles - Laclos , qui a écrit une étude indépassable sur la chair humaine nue dans *Les Liaisons dangereuses* ; Voltaire, Diderot ; Rousseau, dans *la Nouvelle Héloïse duquel* naît le roman passionnel. Après eux Flaubert, les Goncourt , Huysmans, Zola, Maupassant. Je devrais placer Proust parmi ces rares esprits dont le *métier* est l'analyse des âmes difficiles. Browning a écrit à propos de son *Sordello* : « J'ai insisté sur les incidents du développement de l'âme : rien d'autre ne vaut la peine d'être étudié ; Moi, du moins, je l'ai toujours pensé. Cela s'applique certainement à Proust ; et, comme il me semble tirer une partie de son talent de Stendhal et d'aucun autre romancier, j'imagine sa création casuistique et cruelle de l'âme obscure de M. de Charlus à peu près de la même manière que celle de Stendhal lorsqu'il déshabille le roman de Julien Sorel. âme avec une effronterie délibérée et fascinante.

Considérez la question du style de Balzac : vous constaterez qu'il a de la vie, qu'il a des idées, qu'il a de la variété ; qu'il y a des moments où elle atteint une beauté rare et parfaitement individuelle. Pour Baudelaire, il était un visionnaire passionné. «En un mot, tout le monde chez Balzac, jusqu'aux marmitons, a du génie.» Je me suis souvent demandé si, dans le roman, la forme parfaite est une bonne chose ou même une chose possible si l'on veut que le roman soit ce que Balzac a fait, l'histoire ajoutée à la poésie. Un romancier qui a du style ne regardera pas la vie avec une vision entièrement nue.

Il n'y a pas de vision nue chez Proust ; sa vision est comme un miroir embrumé, au fond duquel des formes étranges clignotent et disparaissent. Le seul style irréprochable en français est celui de Flaubert ; ce style, qui a tous les mérites et à peine un défaut, devient ce qu'il est par un procédé très différent de celui de la plupart des écrivains soucieux de la forme. Je ne peux nier que Stendhal ait le sens du rythme : il est dans son cerveau plutôt que dans son imagination sèche ; dans une sorte de cerveau stérile, placé à une grande distance du cœur, dont le rythme est trop faible pour le perturber. Pourtant, il y a dans le style de Proust quelque chose de paradoxal, de singulier, de caustique ; il est coloré , parfumé et exotique, un style dans lequel la sensation devient complexe, cultivée, fleur d'une vie élaborée ; cela peut devenir mortel, comme la passion devient venimeuse. « Le monde du romancier, ai-je écrit, ce que nous appelons le monde réel, est un solide vol hors de l'espace ; la couleur et la musique peuvent y flotter et s'y promener, mais elle n'a pas été créée avec de la couleur et de la musique, et elle ne fait pas partie de la conscience de ses habitants. Ce monde n'a jamais été habité par d'Annunzio ; Proust n'est jamais entré dans ce monde. Il y a quand même en lui quelque chose de cruel, d'anormal, de subtil. Il est créateur de magnifiques tissus, Babylones , Sodomes . Seulement, il ne vous surprend jamais, comme Balzac vous surprend.

ARTHUR SYMONS.

XXII

LE DERNIER MOT

DEUX des contributeurs du gros numéro commémoratif de Proust de *La Nouvelle Revue Française* me rappellent que j'ai rencontré Marcel Proust il y a de nombreuses années lors d'une soirée de réveillon de Noël donnée par Madame Edwards (aujourd'hui Madame José Sert) dans son remarquable appartement du quai Voltaire, Paris. (Non pas que j'avais besoin de le rappeler.) Avec un certain empressement, j'ai trouvé l'année 1910 dans mon journal. Ce que j'y ai lu était ceci : « Doran est venu dîner dimanche soir. Nous sommes allés au « Réveillon » de Misia Edwards et sommes rentrés à la maison à 4 heures du matin . « Plus un mot ! Et je ne me souviens plus d'une seule chose de ce que Proust a dit.

J'ai cependant un souvenir assez précis de son aspect et de son style : un homme brun et pâle, d'un peu moins de quarante ans, avec des cheveux et une moustache noirs ; particulier; urbain; on aurait dit un esthète ; une figure idéale, physiquement, pour Bunthorne ; il tordait continuellement son corps, ses bras et ses jambes selon des courbes étranges, à la manière de Lord Balfour, comme j'ai observé Lord Balfour dans les restaurants d'hôtels étrangers. Je ne le décrirais pas comme gêné ; Je dirais plutôt qu'il était bien conscient de lui-même. Bien qu'il n'ait alors publié qu'un seul livre, *Les Plaisirs et les Jours* — et cela quatorze ans auparavant — et bien que l'ouvrage n'ait pas connu de succès populaire, Proust était sans doute en 1910 un lion considérable. Il s'est assis à la table de l'hôtesse et l'a dominée, et tout le monde à la fête a montré de l'intérêt pour lui. Même moi, je connaissais son nom. Quant *aux Plaisirs et les Jours* , je ne l'ai pas lu à ce jour.

Quelques semaines avant sa mort, en cherchant autre chose dans une bibliothèque surpeuplée, je suis tombé sur ma première édition de *Du Côté de chez Swann* et j'ai décidé de relire le livre. Je m'en souciais moins, et je m'en souciais aussi plus, qu'en 1913. Les *longueurs* me paraissaient insupportables, le rampement centipédien maladroit des phrases interminables inexcusable ; le manque de forme ou de construction peut révéler une naïveté, mais il signifie aussi de l'effronterie. Pourquoi Proust ne se serait-il pas donné la peine d'apprendre à « écrire » au sens large ? De plus, la monotonie du sujet et du traitement devient lassante. (J'avoue que ce n'est jamais aussi angoissant chez *Swann* que dans les volumes ultérieurs de *Guermantes* et de *Sodome et Gomorrhe* .) En revanche, à la seconde lecture, j'ai été absolument enchanté par certains détails.

Les deux tiers environ de l'œuvre de Proust doivent être consacrés aux détails des manières sociales, au ridicule d'un million de variétés de snob. A ce jeu,

Proust est un maître. (Heureusement il ne cache pas qu'il aime, avec le reste des hommes, le sang ancien et les relations distinguées.) Il vous écrira cent pages sur un dîner à la mode où l'on n'exhibe rien que la petitesse et la *naïveté* de la nature humaine. Son intérêt pour la nature humaine, bien qu'intense et clairvoyant, est extrêmement limité. Les critiques étrangers s'accordent généralement à dire que le romancier anglais a sur le français un avantage en ce sens qu'il promène ses personnages et vous les montre de toutes parts. J'ai entendu cela maintes et maintes fois dans des conversations à Paris, et je pense que c'est assez vrai, même si Balzac était certainement le plus grand représentant de l'étalage complet. Proust ne « présente » jamais un personnage ; il ne présente jamais de situation : il s'attache à un ou deux aspects d'un personnage ou d'une situation, et ignore strictement tous les autres. Et il n'est presque jamais héroïque, comme Balzac l'a toujours été ; il exalte rarement, et il déprécie presque toujours – de manière tolérante.

Encore une fois, il ne peut pas contrôler ses mouvements : il aperçoit un chemin sinueux à l'écart de l'avenue principale et s'éloigne de plus en plus loin, simplement parce que, sur le moment, cela l'amuse. Vous vous demandez : il est perdu, reviendra-t-il un jour ? La réponse est que souvent il ne revient jamais, et quand il revient, il utilise un tapis magique mais illicite, au scandale des principes de composition qui ne peuvent être scandalisés dans une œuvre de premier ordre. Cette animadversion s'applique non seulement à une œuvre particulière, mais à son œuvre dans son ensemble. Les livres ultérieurs sont des orgies d'auto-indulgence ; l'ouvrage a ruiné la *morale* de l'auteur : phénomène assez courant.

Deux réalisations de l'œuvre de Proust que je devrais qualifier de grandes. Le premier est la section de *Swann* intitulée *Un amour de Swann* . Il avait un grand thème ici : l'amour et la jalousie. L'amour est physique et son objet méprisable ; la jalousie est fantastique. Mais l'affaire est traitée avec une puissance énorme, grave, amère et impressionnante. Le seul défaut est qu'il laisse Swann aller à une *soirée musicale* et ne peut, malgré plusieurs efforts, l'en sortir à temps pour sauver tout l'intérêt de la situation. Pourtant, dans la divagation *musicale du soir,* il y a des choses merveilleuses , inimitables.

La deuxième réalisation, au début de *Sodome et Gomorrhe* , est le tableau psychologique du type-pédéraste. Un sujet peu prometteur, selon les notions britanniques ! Proust en tire une beauté et un pathétique déchirant. Personne ayant une quelconque perception de la tragédie ne peut lire ces pages merveilleuses et ensuite considérer le pervers comme il l'avait considéré avant de les lire. Je les considère comme les hautes eaux de Proust.

D'une manière générale, l'œuvre de Proust décline progressivement par rapport à celle *de Swann* . *A l'Ombre des Jeunes Filles en Fleurs* était une chute effrayante, et à mesure que le volume suivait le volume, les perles étaient de plus en plus rares sur le fil serpentin. Il ne fait aucun doute que Proust était un génie ; et j'admets qu'il a fait des découvertes originales dans les détours de la fiction psychologique. Mais qu'il ait été un génie suprême, comme voudraient nous le faire croire de nombreux critiques tant français qu'anglais, je ne peux l'admettre.

ARNOLD BENNETT.

LA FIN

NOTES DE BAS DE PAGE

[1] M. Birrell , dont l'essai, bien que imprimé pour la première fois dans *The Dial* , a été écrit pour être inclus dans ce volume, a aimablement consenti à ce que je remplace le texte original par mes propres versions de cette citation et des suivantes de *A l'Ombre des Jeunes Filles en Fleurs* et *Du Côté de chez Swann* respectivement.— CKSM

[2] Voir cependant ma note de bas de page à la page 106 et *Pastiches et Mélanges* , pp. 91-99.— CKSM

[3] Extrait du *Times* du mercredi 29 novembre 1922. *Le Times* avait été presque le seul parmi les journaux anglais à donner de la « publicité » à la mort de Marcel Proust dans son numéro du lundi 20 novembre . — CKSM

[4] *The Times* , lundi 20 novembre 1922 : « Marcel Proust : An Appreciation. » (D'un correspondant.)—CKSM

[5] *Note du transcripteur :* Voir la note de bas de page suivante.

[6] Je suis heureux que la reconnaissance ici de la courtoisie de M. Walkley en me permettant de substituer ma version à la sienne de ces deux passages de *A l'Ombre des Jeunes Filles en Fleurs* me donne l'occasion de reconnaître également mon emprunt et de féliciter lui lors de la découverte du mot «doux» - « une véritable trouvaille », comme Norpois l'aurait sans doute appelé. -CKSM

[7] Dans son article, publié dans *le Times* trois semaines plus tard, le 20 décembre 1922, M. Walkley répondait à une critique de cette déclaration : « La vieille plainte selon laquelle la France moderne est « déformée » commence maintenant à être entendue. le grand romancier qui vient de mourir, Marcel Proust. Un éminent romancier anglais me tacle à ce sujet. Il dit que Proust n'a pas droit au rang le plus élevé dans la littérature parce que sa représentation de la société française n'est que partielle, et donc injuste ; qu'il n'écrit que sur l'ensemble du Faubourg Saint-Germain, qui représente la France « morte », et non sur les gens « vivants », soldats, hommes d'État et autres, qui ont fait et font la France aujourd'hui. Et il l'oppose à Balzac, qui entendait donner un panorama de l'ensemble du système social. Eh bien, cela me semble une comparaison malheureuse. *La Comédie Humaine* de Balzac était comme *la Famille Rougon-Macquart de Zola* , une simple réflexion après coup, une formule spécieuse conçue pour suggérer la continuité et la complétude dans ce qui n'était que désinvolte et capricieux. En tant que « représentation de la France », elle ne doit pas être prise au sérieux ; ce qu'elle représente, comme toute autre œuvre d'art, c'est le génie de son auteur. Ses hommes d'action, ses hommes d'État, ses hommes d'affaires sont franchement absurdes. Proust n'a jamais eu l'ambition de « représenter » la

France ; il représentait le côté de sa vie sociale qui passait à l'intéresser. Ce qu'il a magnifiquement représenté, c'est ce qui était jusqu'alors inexploré dans la nature humaine et dans l'esprit humain. Comme le dit de lui M. Jacques Rivière dans l'actuelle *Nouvelle Revue Française* : « Les découvertes qu'il a faites dans l'esprit et le cœur humains seront un jour considérées comme capitales, et du même rang que celles de Kepler en astronomie, Claude Bernard en la physiologie, ou Auguste Comte dans l'interprétation des sciences. Cela me semble un meilleur travail que de réaliser un portrait-groupe de la « France moderne », avec le général Lyautey bras dessus bras dessous avec le maréchal Foch et M. Clemenceau chaussant ses célèbres gants gris perle. » — CKSM

[8] Tiré du *Times Literary Supplement* du jeudi 4 janvier 1923, où cet article faisait suite à une version anglaise d'un hommage formel à Marcel Proust, signé par dix-neuf Anglais, hommes et femmes, paru (en français) dans le numéro spécial de *La Nouvelle Revue Française* de janvier 1923. M. Middleton Murry avait déjà écrit plus longuement (trop long, en effet, pour être reproduit dans ce volume), sur Marcel Proust dans *The Quarterly Review* de juillet 1922.— CKSM

[9] Dans un autre sens, assez compliqué, il s'agit d'un pressentiment de l'avenir. Les flèches semblent avoir été celles de Caen, la calèche une automobile, l'année évidemment beaucoup plus tard. L'article original se trouve dans *Pastiches et Mélanges* , aux pp. 91 à 99.— CKSM

[dix] *C'est-à-dire* Les *Plaisirs et les Jours* , publiés en 1896, et *Pastiches et Mélanges* , qui, à proprement parler, ne parurent en volume qu'après *A l'Ombre des Jeunes Filles en Fleurs* , au printemps 1919. Mais des *Pastiches* certains au moins étaient parus dans le *Figaro* en 1908 et 1909, tandis que les *Mélanges* datent encore plus loin et comprennent les introductions aux traductions de Ruskin par Proust, *La Bible d'Amiens* (1904) et *Sésame et les Lys* (1906).— CKSM

[11] *Note du transcripteur :* Voir la note de bas de page suivante.

[12] M. Hussey, dont j'ai pu répéter l'essai par sa gentillesse et celui de M. Filson Young du *Saturday Review* , a, comme M. Birrell , autorisé la substitution de ma version au texte original de ces deux citations de *À l'Ombre des Jeunes Filles en Fleurs* .— CKSM

[13] *Nouvelle Revue Française* , n° 112 (NS), janvier 1923, pp. 201-2. L'ami est M. Jacques de Lacretelle.— CKSM

[14] Il s'agit en fait d'un extrait de la lettre de M. Conrad en réponse à une demande visant à ce qu'il justifie le projet de ce volume en y contribuant. — CKSM

[15] *C'est à dire* , de *Du Côté de chez Swann* ; le dîner chez les Verdurin auquel Forcheville assiste pour la première fois avec les Cottard , le peintre Brichot , Swann et Odette. Il est juste, tant au critique qu'au lecteur, d'expliquer que M. Saintsbury n'a rien lu de Proust sauf *Swann* , et cela seulement dans une traduction inadéquate. D'un autre côté, il était aussi impossible pour l'éditeur d'envisager un livre de ce genre sans la promesse de collaboration de son ancien ami et maître, qu'il l'était en ce moment pour le doyen de l'anglais (sinon de l'européen, ce qui c'est-à-dire les critiques du monde entier pour se qualifier pour dire plus que ce qui est imprimé sur cette feuille.— CKSM

9 789359 947716

Printed at Repro India Ltd.